阿川佐和子●料理指導 野口日出子

今さらながらの
和食修業

集英社be文庫

「和食修業を始めるそもそもの話」

「日本人なんだから、魚の一匹おろせなくてどうします！」

この一言に目が覚めた。

自慢じゃないが、こう見えても私は料理が下手ではないほうだと思っていた。父の尋常ならざる食欲を満たすため、幼い頃より台所に立たされて、せっせと母の手伝いをしたものだ。お米を初めて研《と》いだのが小学校の二年生。ぬかみそに手を突っ込んで「おいしいお漬け物になあれ」と念じたのが同じく小学一、二年の頃。以来、年頃になるまでボチボチ腕を磨き続け、友達の間では、「嫁に行く条件は十分揃《そろ》っている」と定評のアガワであった。

その後、紆余曲折あってなんとなく嫁《い》きそびれ、親元を離れて一人暮らしを始め、料理に対する熱意も向上心も次第に冷めていった。外食が増え、たまに自分で作るときは、お決まり得意の簡単メニュー。ご飯を炊く、肉を焼く、野菜を炒める。思えばスーパーへ行っても、魚売場の前は素通りすることが多かった。

ましてや魚をおろすなんて、そんな面倒なことはできないと頭から思い込み、おいしいお刺身は、専門店で食べるにかぎると決めていた。

そんな折、野口日出子先生の口からパッキリと、おいしそうな大阪弁で、くだんの台詞《せりふ》が飛び出したのである。しかもその瞬間、私は野口教室の食卓で、サヨリのお刺身を白いほかほかご飯とともに頰張ったところであった。

なんてこった。サヨリって、こんなにおいしかったのか。しかし、そのサヨリをさばいたのは誰だ？　私よ私。ほんの数分前、先生の薫陶よろしく三枚におろし、短冊に切ってシソの葉とともにお皿に盛りつけたのは、紛れもなく自分自身なのである。私はそのとき、幸せの予感とはこういうことを言うのじゃないかと思った。たとえるならば、チルチル　ミチルが「本当の幸せはそんなに遠くまで探しに行かなくても、ちょっと努力をすれば目の前で見つけられるんだ」と悟ったときの心境に似ている。そうか、こんなにおいしいお刺身を、自分の家で自分の好みの献立とともに食べられる幸せ。その快感をつかむのは、もしかしてそれほど途方もないことではないのかもしれない。よし、やってやろうじゃないの。

こうして私は、今さらながらと戸惑いつつ、第一歩を踏み出したのであった。

目次

第一章 魚

鮮度のよい魚は、
まずは刺身でいただきたい。
魚をおろすなんて大変そう、
そう思い込んでしまわず、
まずはアジから挑戦。
最初はうまくいかなくても
繰り返すうちに必ず上達するもの。
アジの三枚おろしができれば
応用はいくらでもききます。
刺身を堪能したら、次の料理へ。
煮魚、焼き魚、保存のきく料理。
魚料理を究めましょう。

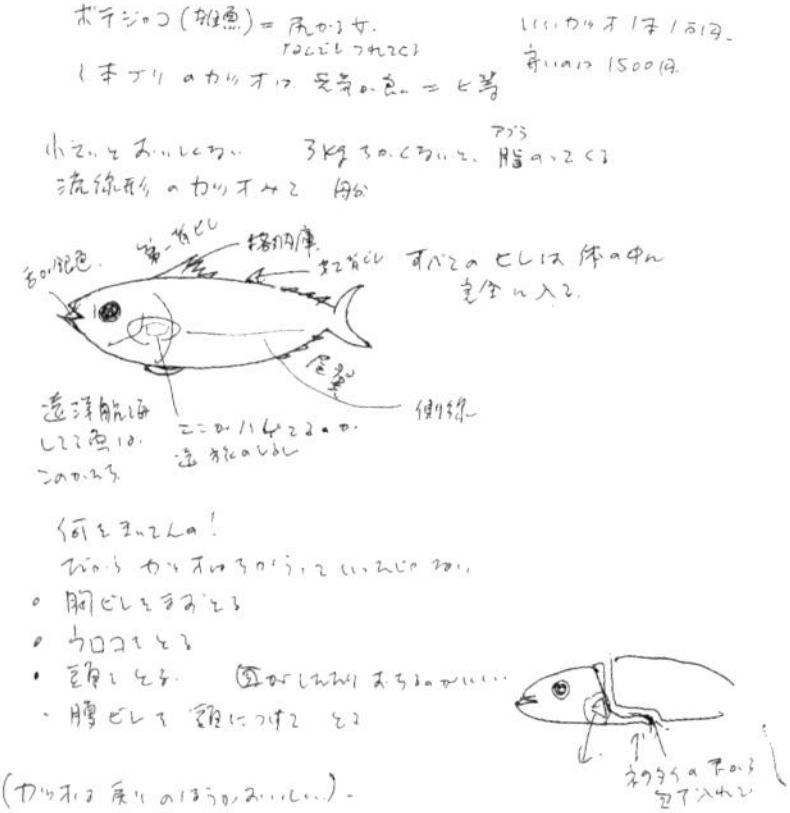

素材選びをする、野口日出子先生（右）と阿川佐和子さん

「始まりはアジ」

魚をおろすコツなんてない。と私は思った。あるとすれば、たくさんおろすことだ。お見合いをさかんに繰り返していた時代、まわりの人から「数打ちゃ当たる」とよく言われたが、私の場合はかなり数を打っても当たらなかった。しかし、魚は数打って何枚もおろせば、必ず当たる、上達する、と思う。「習ったら慣れろ」である。いくら熱心に教室で学んでも、家に帰って一尾もおろさなければ、すぐ忘れるに決まっている。復習は、どんな料理にも必要だろうが、特に魚の三枚おろしには大事だろうという気がしてならない。先生も、おっしゃった。

「アジに始まりアジに終わると言います。アジがおろせれば、クジラだっておろせます」

まあ、クジラをおろすチャンスはないと思われるけれど、なるほどアジは魚の基本形かもしれない。

そこで私は、野口教室で「アジのたたき」を習って帰ったあと、教わったこと

「始まりはアジ」

を忘れぬうちにウチで作ってみようと心に決めた。さらに三日ほど間をあけて、再びアジを買う。で、またまた三日後ぐらいにアジを買う。それだけ繰り返せば、さすがに物覚えの悪い私とて、少しは覚えるんじゃないかと思ったのである。

「買ってきたら、流しに直行！」

これがアジの鉄則ですとおっしゃった先生の声色をまねて、まず水洗いだ。アジの表面に付着した公園金じゃなくて、好塩菌をしっかり水で洗い流さないと、むちゃくちゃにお腹を壊すそうですから、ご用心。

さて次は庖丁を取り出して、まな板の上にアジを……、どっちが表だっけ？　そうそう左に頭。人は右、魚は左で交通安全っと、それだけ覚えて見つめてみれば、アジは目をパッチリ開けたまま、下唇を少し突き出して、さあ、お好きなように始末してくだせい、こちとら覚悟はできてまさあ、と開き直ったような顔をしている。あんまり見つめていると情が移りそうなので、そこは思い切って出刃庖丁を握り直し、「ゴメン」と一言、心で呟き、頭をストーン。ギロチンは簡単でした。

続いて腹の水戸肛門様まで切れ目を入れて、内臓を取り出す。他の魚と比べ、アジの肛門様はけっこう上のほうについている。腸が短いのかしら。おお、内臓がニュルニュルと出るわ出るわ。手がべとべとになってきたので、魚と一緒に洗いましょう。そのとき、手や魚やまな板の水けを拭きとるためのふきんが欲しくなる。が、ウチには教室のようにふんだんにふきんはないので、ペーパーナプキンを大いに利用した。

さて、ここからだ。ここからどうするんだったか、とんと記憶が蘇《よみがえ》らない。ええい、悔しいと思いつつ、野口先生の料理本を開いて、「アジを三枚におろす」の写真を見たところ、わかった。ぜんぜんわからないことが、よくわかった。

「背を手前、尾を左に置き、背ビレに沿って庖丁目を入れる。骨の上に庖丁をのせて中骨まで切って上身をはずす」とあるが、そこらへんが難しいのである。なんとか上身をはずすことはできたとしても、もう片方の下身のはずし方の説明と写真が省略されている。上身と同じ要領よと言われそうだが、そうは問屋が卸さないのが現実だ。中骨に身をたくさん残したまま、庖丁を何度もぐちゅぐちゅ差し込むものだから、しだいにピンクの身が白んでくる。まずい、ひどいことになってきたぞ。しかし骨からはずしたはずの上下の身には、まだたくさん骨がある様子。これをどうするんだろう。ははあ、骨抜きで抜くのか。骨抜きなんかないから、洗面所から毛抜きを持ってきて、どれどれ。指先で骨を当たりながら、一本ずつ抜いていく。これはかなり楽しい作業だが、ぐずぐず時間をかけているうちに、身の表面がますます白く変色し、情けないことになってきた。

しかし最後の皮むきは、さらに楽しい仕事である。ピイーッとうまくはがれたときの快感たるや、やめられなくて癖になりそうだ。

さあ、あとは簡単。前もって刻んでおいたしょうがやねぎ、ピーマンと合わせながら、アジの身をトントンとリズミカルにたたいて、でもたたきすぎないよう気をつけて（たたきすぎると粘りが出ておいしくなくなる）、できあがり。

それにしてもピーマンとアジが合うなんて初めて聞いた。なるほど試食してみると、アジの生臭さをピーマンの匂いが消してくれて、さっぱり味。

でも本当のことを言うと、しょうが、ねぎのほかに、しその葉の千切り、さらに赤味噌少々と梅肉少々を加えて混ぜ合わせるアジのたたきが、私は昔から好きである。先生には内緒だけど、これもなかなかいけますぜ。

「始まりはアジ」

アジのたたき

魚料理の基本中の基本ともいえる三枚おろしを覚えましょう。
あとは切って、たたいて、薬味を混ぜて。人気の一品のでき上がり。
手ごろなアジで三枚おろしができれば、魚の扱いに自信がつきます。

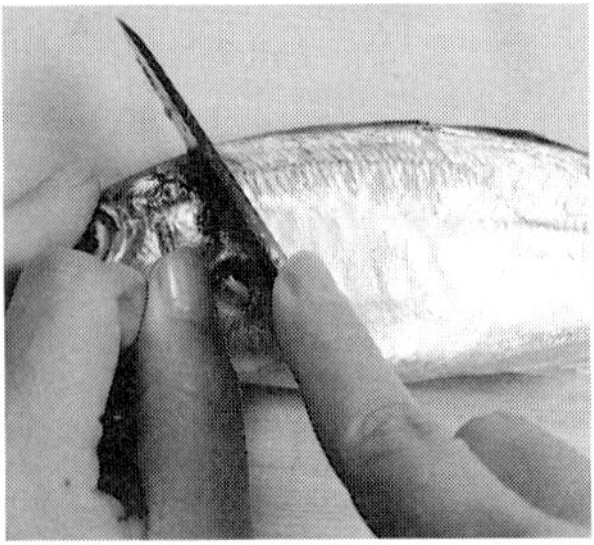

1 頭は左、腹を手前に。左手で胸ビレを起こし、胸ビレの下に斜めに包丁を入れて、中骨まで切り込む。裏返して同様に切り、頭を落とす

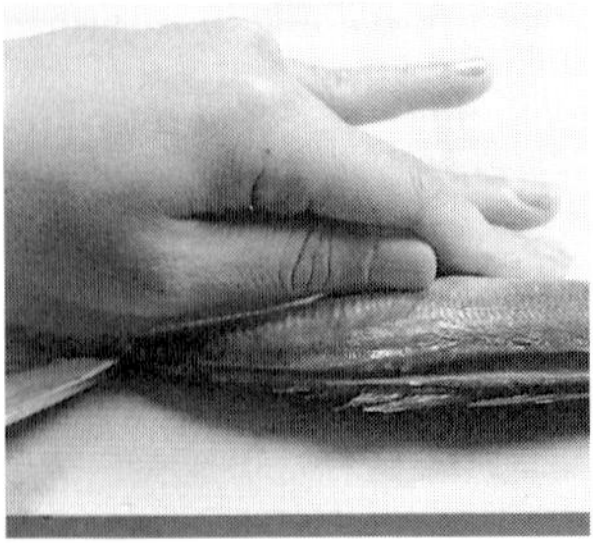

2 ワタを取り、洗ってから背を手前に置き、身を軽く押さえ、背ビレの上から包丁を入れる。刃先を中骨に沿わせ尾のほうに切り進める

材料 4人分

アジ	4尾
しょうが	½片
ピーマン	2個
万能ねぎ	2本
みょうが	1個
大葉	4枚
花穂じそ	適量

作り方

❶アジは流水で洗い、頭を切り落とす。かま下を細く切り落とし、ワタを刃先でかき取り、水で洗う。プロセス2のように背側に包丁を入れ、次に腹側を手前にして尾のほうから包丁を入れ、上身をはずす。腹骨をそぎ取り、骨抜きで小骨を抜く。中骨のついた身も同様にする。身はそれぞれ皮を引き、細切りにして包丁で軽くたたく。
❷しょうが、ピーマンはみじん切り、万能ねぎは小口切りにし、①のアジに加えて包丁でたたき混ぜる。器に大葉を敷いて盛り、みょうがのせん切りと花穂じそを添える。

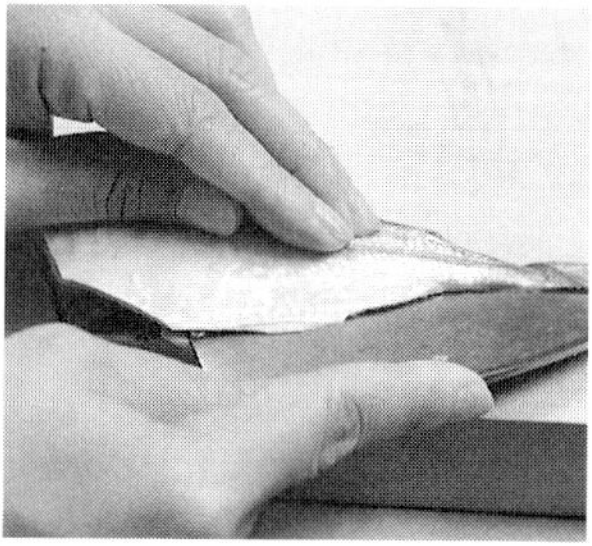

3 腹を手前に置き、左手で身を軽く押さえ、尾のほうから包丁を入れ、中骨に沿って頭側へ切り進め、最後に尾のつけ根を切り離す

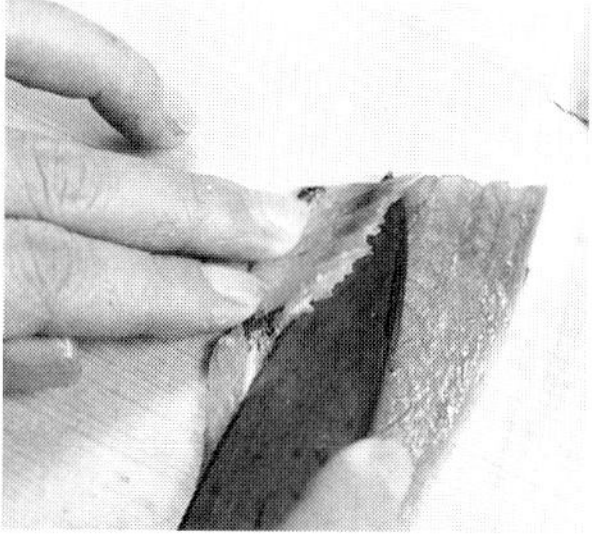

4 包丁をねかせるようにして、左指先で腹骨を確かめながら薄くそぎ取る。続いて身の中央にある小骨を、骨抜きで抜き取る

5 中骨のついた身を裏返し、ここまでと同じ要領で身をはずし、腹骨、小骨を取り除く。これで身二枚と中骨の三枚におろしたことになる

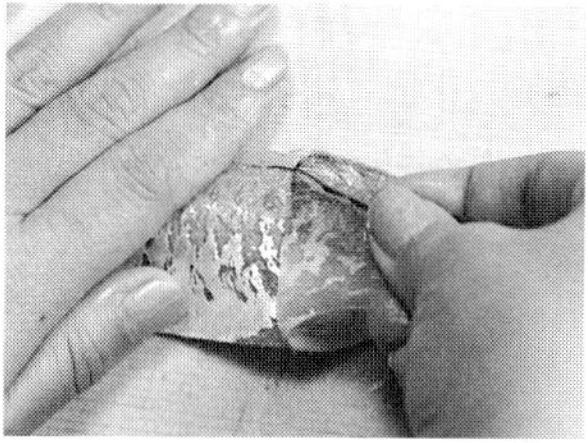

6 皮は左手で身を軽く押さえ、頭つきのほうから指先でめくり、皮を引く。一気にはぎ取るときれいに皮を引くことができる

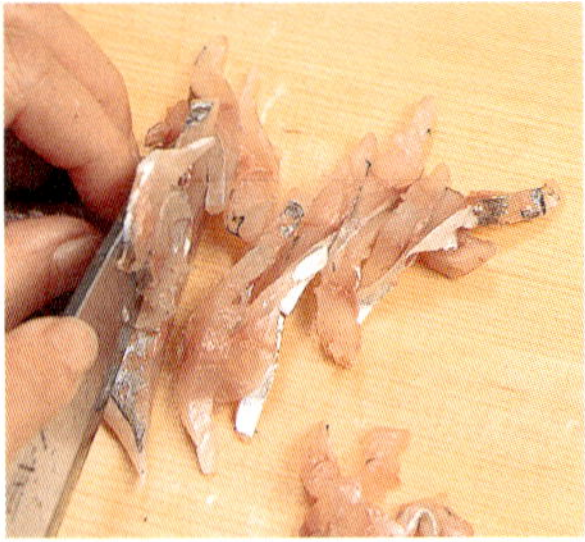

7 皮をはいだ身は、小口からひき切りにし、続いて粗く刻む。たたきすぎると粘りけが出てしまうので、軽くたたくように

8 粗く刻んだアジに、しょうが、ピーマンのみじん切り、万能ねぎの小口切りを加え、さらに包丁でたたいて混ぜ合わせる

9 器にアジのたたきを盛りつける。大葉を敷き、せん切りにして冷水に放してシャキッとさせたみょうが、花穂じそを添えて彩りよく

コツはたたきすぎないこと。
新鮮なアジのぷりぷりとした食感と
さわやかな薬味とのバランスが絶妙。

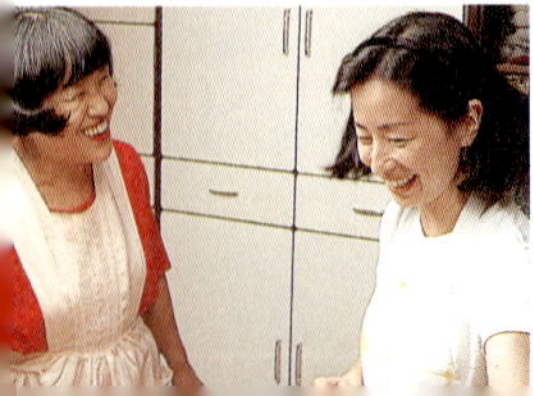

野口先生からひとこと。
これも覚えてお料理上手!

新鮮な魚を見分けるには肛門とエラを見て

アジの鮮度を見分けるにはどうしたらいいでしょう。目が濁っていないこととはよく言われますが、わかりやすくて間違いのないのが、肛門とエラで見極める方法です。腹側をたどって見ていって、肛門がキュッと締まっていて見逃してしまうほどならば、とても新鮮。肛門が開いているものは、鮮度がやや落ちかけているといえます。そしてエラが鮮やかな赤い色をしているというのも新鮮な証拠。こういうアジなら、身にハリがあり、締まっていておいしい。鮮度のよさが生きる刺身やたたきにぴったりです。アジだけではなく魚全般について、この方法で鮮度を見分けることができます。

カツオのたたき

やわらかく､うまみがとても多いカツオ。刺身や照り焼きもいいけれど
直火であぶった､たたきの香ばしさは格別です。
脂のたっぷりとのった､秋の戻りガツオでお試しを。

材　料　8〜10人分

カツオ	半身
大根	½本
あさつき	1束
にんにく	½片
みょうが	適量
大葉	適量
花穂じそ	適量
二杯酢	
しょうゆ	4 ┐の割合
酢	6 ┘
塩	適量

作 り 方

❶カツオの半身は、皮をつけたまま背と腹に切り分ける。このとき骨は背側に残るように切ってから、プロセス1のように骨と血合いを取る。
❷背身、腹身ともにプロセス2〜5の要領でカツオの焼き霜づくりをし、平造りにして軽く塩をふっておく。
❸大根はおろして軽く水気を絞っておく。あさつきは小口切り、にんにくはみじん切りにする。みょうがはせん切りにして冷水に放ち、水気を絞る。
❹器に大葉を敷き、②のカツオを盛りつけ､大根おろしをのせ、あさつき、にんにくを散らし、みょうがと花穂じそを添える。しょうゆと酢を合わせて二杯酢にし、添える。

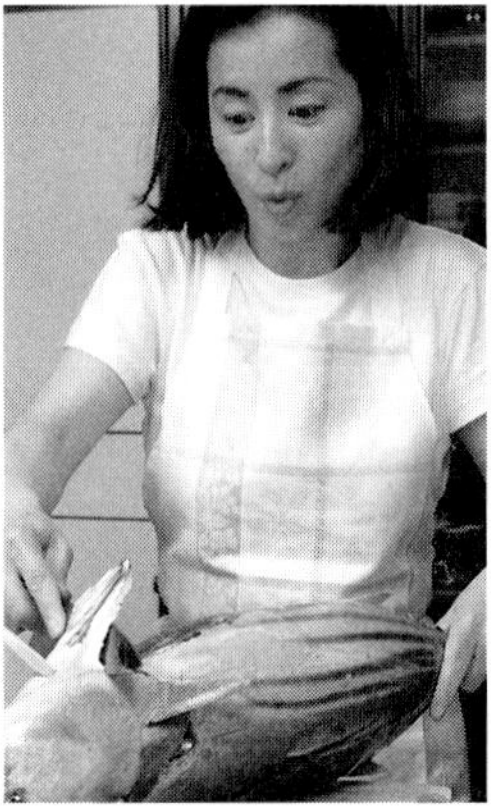

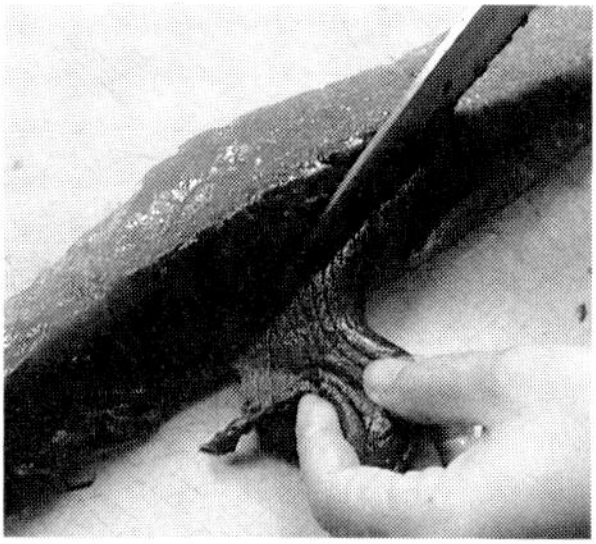

1 半身のカツオを背と腹に切り分けた、骨のついた背側の身から骨と血合いをそぎ取る。腹側の身からは腹骨を薄くそぎ取る

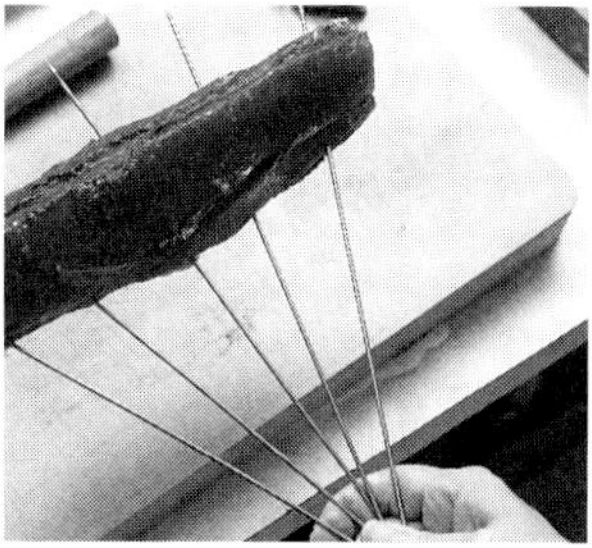

2 皮を下にしてまな板に置き、皮目に近いところに金グシを打つ。5本の金グシを扇形に打ち、扇の要を片手で持てるようにする

3 金グシをしっかり握って、皮目から、直接火にかざす。火加減は強火。皮目全体が均等に焼けるように位置を動かしながら焼く

4 皮目にこんがりと焼き色がついたら裏返し、身のほうを火にかざす。身は、白く色が変わる程度まで軽く焼けばよい

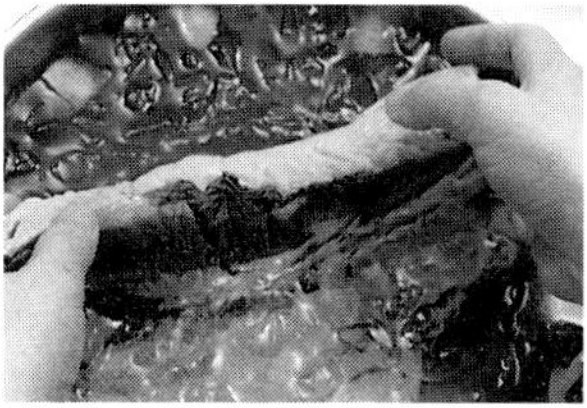

5 まな板の上で金グシを回しながら抜き、用意しておいた氷水に入れて一気に冷やし、取り出す。これで焼き霜づくりができ上がる

6 ふきんなどで水気をふき取り、皮目を上に、身の厚いほうを向こう側に置く。包丁を手前に引いて切り、8㎜厚さほどの平造りにする

7 背身、腹身を2、3切れずつでひと盛りとし、いったんバットに並べて軽く塩をふる。大根おろしや薬味を用意したら器に盛りつける

野口先生からひとこと。
これも覚えてお料理上手!

じつはおいしいカツオの腹身。節で買うときにおすすめです

阿川さんはカツオ一尾をおろすところから挑戦しました。一尾で買うときは、近海一本釣りのカツオを選んで。2〜3kgのものが手ごろです。とはいえ、小人数の家庭ではふだんは節で買うことが多いことでしょう。皮つきのワイン色をした鮮度のよいものを選べば、手軽にたたきが楽しめます。

さて、節で買うとき、背と腹とどちらを選んだらよいかといったら、お好みですが、おすすめは腹側。うまみが多いのは腹側なんです。かつお節でも、高級とされているのは背側の男節《おぶし》ですが、よいだしがとれるのは、腹側を使った女節《めぶし》です。腹側は脂が多いからと敬遠する方もおられますが、余分な脂を落として、たっぷりの薬味といただくたたきでそのうまみを味わってみてください。

皮目をじっくりあぶるから
こんがりと香ばしい。
薬味をたっぷり添えて
さわやかにいただく一品。

「煮魚母ちゃん」

　キンキは手ごわい魚である。まな板の上に横たわってなお、赤い体をキラキラ輝かせ、頭部をとりまくトゲトゲを立てて、「そう易々とアンタの言いなりにはならないよ！」と言いたげな憮然とした態度で向かってくる。出刃庖丁片手に私はしばし逡巡《しゅんじゅん》する。が、覚悟を決めて立ち向かわねばなるまい。魚をおろすには、勢いが必要なのである。

　まず、ウロコ取りから始めよう。トゲトゲに気をつけながら頭を押さえ、尻尾のほうから少しずつ、頭に向けて庖丁の刃を走らせる。そのとき庖丁を斜めに寝かせようとしたら、「ダメよ。庖丁は垂直に立てて動かしなさい」と野口先生の手が伸びてきた。そうしないと身に傷がついてしまうからだ。

　あちこちにウロコが飛び散るが、無視する。無視できない人は、流しのなかでウロコ取りをすると、被害は最小限にとどめられるであろう。

　こうしてまんべんなくウロコを取り除いたら、裏返して再び尻尾からウロコ取り。すべてのウロコを取り除き、一度水で洗い流す。

ツルンと裸になったキンキ君を裏向きに、すなわち頭を右に向けてまな板の上に置く。その裏身の胸ビレ下あたりに庖丁を立て、三センチほどの傷を入れる。

ここが、三枚おろしと違うところである。盛りつけたときの姿を美しく保つため、煮魚の内臓取りは、お腹を開かずに行う。裏身胸ビレ下の三センチ穴に指を突っ込み、すべての内臓を引きずり出すのである。

「覚えておいてちょうだい」

野口師匠の声が飛ぶ。

「魚の鮮度は、目を見て判断しなさいってよく言われるけど、あれは間違い。目より肛門。肛門のキュッと締まってるのが新鮮な証拠です」

なるほどこのキンキ、改めて見つめてみるに、どこにあるかわからないほど肛門の締まりが良い。人も魚もお尻の締まりは大事なのですなあ（註：その後、先生に教えていただいた魚の鮮度の見分け方によると、肛門と同様、エラも要チェックとのこと。エラの色が鮮やかで、きれいな赤色をしている魚は新鮮だそうだ）。

それにしても内臓が三センチ穴から続々出てきて、なかなか切れてくれない。

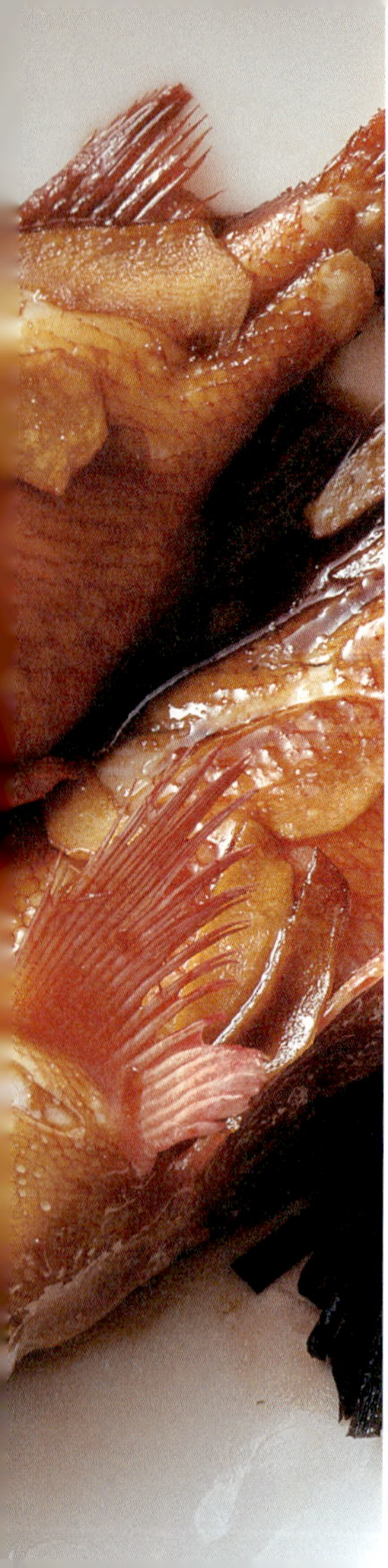

これも新鮮なゆえんであろうが、そのうち口のほうまで解体手術の余波は広がり、キンキ君がお獅子のごとくに大口開けてこちらを睨《にら》みつけている。

「いいの、いいの。その勢いで内臓と一緒にエラも全部、取ってちょうだい」

取れったって、このエラがまたチクチク尖《とが》って指に突き刺さる。イテテなんてときどき飛び上がりつつ、魚の口ってこんなに大きく開くもんなんだなあと感心しつつ、ようやくお腹も口の中もきれいになったところで掃除完了。

ここまでの作業は、魚を買ってきたらできるだけ早く実行しておくことが大事である。

「今日は食べられない。明日に回したい」という場合も、内臓取りだけすませ

て冷蔵庫に入れておけば、鮮度は保たれるそうである。

内臓取りがすんだら再び水洗いをし、表身を上にして網にのせ、上から熱湯をかけ回す。これを「霜降る」という。熱湯の熱でみるみる胸ビレが立ち上がり、表面が白くキュッと引き締まる。ついでにウロコの取り残しが除け、生臭さも取れるという寸法だ。キンキに限らず、キンメダイやメバルの姿煮のときにも実行するとよい。

霜降りが終わったら続いて表に「飾り庖丁」を入れる。切れ目の入れ方は、斜め直線二、三本でも、カーブ形でも、なんでもオーケー。つまりは装飾のためだけでなく、中まで味をしみ込ませるため、火の通りをよくするためである。

いよいよ煮る段になった。鍋は底の広く平たいものを選ぶこと。
●鍋にまず昆布、あるいは竹の皮を敷く。こうすると、魚の皮が鍋に焦げつかない。
●煮汁を入れる。みりん、酒、醤油を各同量。一対一対一と覚えておけば、魚の大きさ、数によって調整することができる。酒は水と半々に合わせた「玉酒」にすれば味がやわらかくなる。また、みりんのかわりに砂糖を使うことなかれ。砂糖は味がきつすぎる。フワッとした甘さを出すには「みりんにかぎるの。あたしは関西の人間だから、煮魚に砂糖は使わない！」と野口先生の弁である。
●煮汁を火にかけ、煮立ってきたところにキンキ君を入れ、落とし蓋をする。
好みでしょうがの薄切りを魚の上に置いてもよい。このしょうが、実は香りづけだけでなく、落とし蓋との間で、皮がはがれるのを防ぐ役割も演じてくれる。

さて、これでしばらく放っておけばよいと思うなかれ。煮魚はさほど長時間、煮る必要はないのである。魚の大きさにもよるが、おおかた五分から七分ほど。ときどき煮汁を魚の上にかけながら、皮がはがれて身がはじけてきたら、ハイ、それまでよ。

「頭も空っぽだから、早く火が通るの。煮汁が煮詰まるまで煮ると、おいしくないから気をつけて」と先生。なるほど煮すぎていない煮魚は、身がプルンプルンとはじけておいしい。このキンキ君はまた、よく脂がのっていること。お皿に盛りつける前、目立たぬあたりをちょいとつまんで、口に運ぶときの幸福感。トゲトゲと格闘した甲斐があったというものだ。

では復習。まず肛門のしっかり引き締まった新鮮な魚を選ぶこと。そして、手早くウロコとワタを取り除き、手早く煮汁で煮る。あくまでも煮すぎないこと。これがポイントである。

姿煮ができれば、切り身の煮つけは簡単に違いない。ちなみに切り身を買う場合は、骨付きを選ぶとよいそうだ。骨から出汁《だし》が出ておいしいし、煮崩れしない。また切り身は一尾まるごとと違い、味の浸透が早いので、煮汁に使う、醤油を控えめにすること。

さてさてもう一つ、白いご飯に合う魚料理といえば、私の大好物のサワラの西京漬けである。これこそ長年、自分で作るのは難しいと思い込んできたのだが、野口先生に教えていただくと、案外、簡単であった。サワラの切り身に手塩をまんべんなくかけて一時間置く。一方白味噌は、みりんとお酒でささっと練って火にかけたあと、さましておく。その味噌に、魚を漬け込みすぎないことがミソである。「漬けすぎると身がパサパサになっちゃうの」とのこと。

なにより難しいのは焼き方であった。白味噌を落として水洗いをしても、あっという間に焦げてしまう。コンロの大きさ、火からの距離などで微妙に異なるので、これだけは自分の台所で要領をつかむしかなさそうだ。火が近すぎる場合は、

表面にホイルをかぶせておくのも一考である。
かくして煮魚と西京漬けをマスターしたら、もはや立派な「日本の母」の気分。
どうしてなれないんでしょうね。

キンキの煮つけ

キンキや金目鯛、メバルやアジ。煮つけにおいしい魚はいろいろ。
煮方のコツを覚えて、旬《しゅん》の魚をいただきましょう。
切り身の煮つけも、ひと味違います。

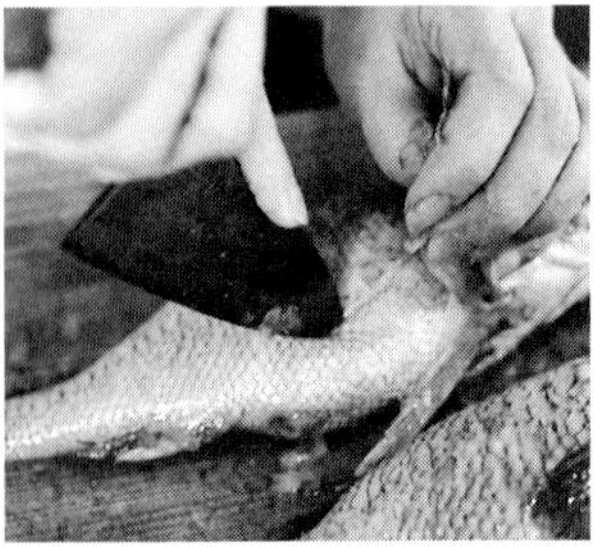

1 ウロコを引いたキンキは、盛りつけたときに裏になる側の身の胸ビレ下、3cmほどのところに深く切れ込みを入れる

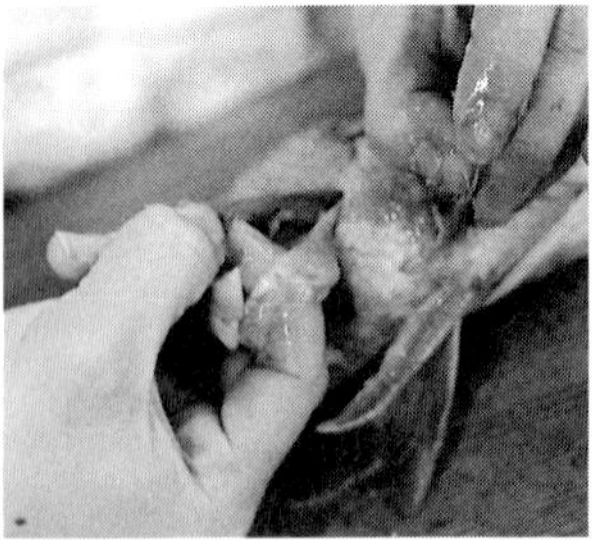

2 切れ込みからワタを引き出す。菜箸を使ってワタの一部を引き出し、指で引き抜くようにするとエラもついてくるので一緒に取り除く

材　料

キンキ（体長20cmくらいのもの）……2尾
昆布……15cm長さ1枚
煮汁
- しょうゆ……½カップ
- みりん……½カップ
- 酒……¼カップ
- 水……¼カップ

しょうがの薄切り……1片分

作　り　方

❶キンキのウロコを引く。包丁の刃先を立て、尾からエラのほうへと動かし、ウロコを取り払う。ワタを取り出してエラをはずし、水洗いして熱湯をかけ、表身（盛りつけたときに表になる側）に飾り包丁を入れる。
❷鍋に昆布を敷き、煮汁の材料を全部入れて中火にかける。
❸煮汁が煮立ったら、中火のままキンキを並べ、しょうがの薄切りを散らして落とし蓋をする。煮くずさないように身にはさわらず、ときどきお玉で煮汁を回しかけ、火を通す。

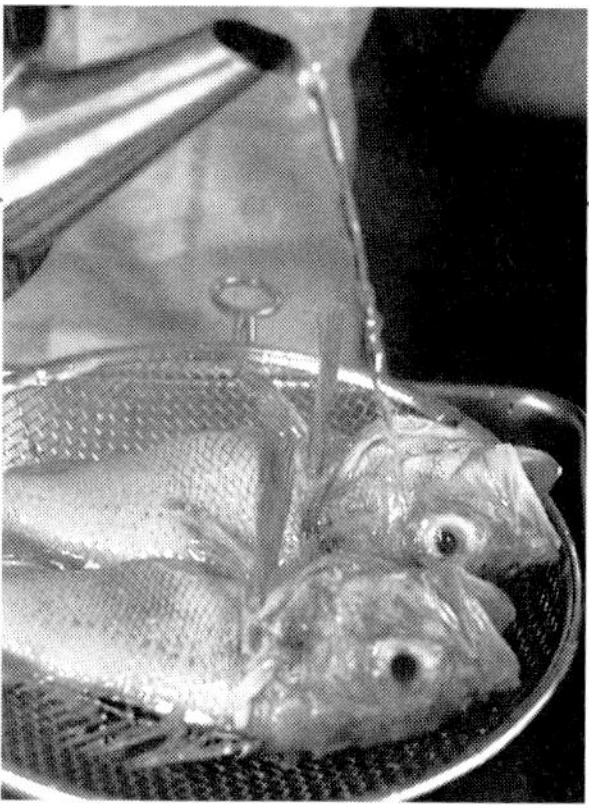

3 流水でよく洗い、血合いや汚れを落としたら、表身(盛りつけたとき表になる側)を上に盆ザルにのせ、熱湯を回しかけて臭みを取る

4 表身に飾り包丁を入れる。形は好み次第。ここでは中央に弧を描くように入れている

5 鍋に煮汁の材料を入れ、煮立ったところへ、表身を上にして2尾が重ならないように並べ、しょうがの薄切りを散らす

7 煮くずれやすいので、煮魚は鍋に入れたら動かさないのが基本。ときどきお玉で煮汁を回しかけて全体に火が通るようにする

6 中火のまま、煮汁がよくまわるように落とし蓋をする。中央に穴をあけたアルミホイルやクッキングシートで代用してもよい

煮汁が煮立ってから魚を並べ入れ、あとは動かさないこと、煮すぎないこと。きれいでおいしい煮つけのコツです。

8 尾に近い部分の身が骨からはずれたのを煮えた目安に。形を崩さないようヘラなどでそっと取り出し、頭を左、腹を手前に盛りつける

野口先生からひとこと。
これも覚えてお料理上手!

白身の魚は薄味でふわっと。昆布を敷けば煮くずれを防げます

一尾の魚は下ごしらえが大変そうに思えますが、新鮮な魚ならワタを崩さずきれいに処理できます。どうしても苦手という方は魚屋さんで取ってもらいましょう。

さて、キンキのような白身の魚は、薄味で煮るとふわっとした持ち味が引き立っておいしいもの。鮮度のよいものほど、薄味でおいしくいただけます。30ページの煮汁の調味料を参考にしてください。

煮くずれを防ぐには、鍋底に昆布か包丁の切り込みを入れた竹皮を敷いておくこと。昆布は、魚が煮あがったあとで細かく刻むと一品になります。

サワラの西京漬け

淡泊な白身魚に白みその甘味と塩味をきかせる西京漬け。
独特の風味と、コクのある味が楽しめます。
塩加減、漬ける時間をいろいろ試し、好みの味を見つけましょう。

1 鍋に練りみその材料を入れ、しゃもじで混ぜ合わせてから火にかけ、よく練り合わせる。火が十分通ったら火から下ろして冷ましておく

2 バット一面が白くなるくらい塩をふり、サワラを並べて、さらに上から塩をふる。塩を手に取り、軽くすぼめた指の間からふるとよい

材料　4人分

サワラの切り身……4切れ
練りみそ
- 西京みそ……300g
- みりん……1/3カップ
- 酒……大さじ2

みりん……少々
酢ばす……適量
塩、酒……各適量

作り方

❶鍋に練りみその材料を入れてよく混ぜ、火にかけてよく練る。
❷プロセス2～5の要領で、サワラを練りみそに漬ける。
❸サワラを焼き、焼き上がりにみりんを塗って照りをつけ、器に盛って酢ばすを添える。
＊酢ばす　れんこん100gは皮をむき、薄い輪切りにして、酢水にさらす。酢水ごと鍋に入れ、火にかけてゆで、れんこんの表面が透明になったらザルに上げて水気をきる。甘酢（酢1/4カップ、砂糖大さじ1 1/2、塩小さじ1/6）に、赤唐辛子の小口切り少少を加え、れんこんを漬ける。

3 塩をふって1時間以上おいたサワラに酒をふりかける。両面を洗うようにして塩を落とし、ふきんなどで水気をふき取る

4 バットに練りみその半量を平らに敷き、サワラを並べて、上から残りの練りみそを塗る

火を通した練りみそは風味豊か。
漬けたサワラは、強火の遠火で
じっくりと、焦がさないよう、
色よく仕上げます。

5 サワラ全体を練りみそで覆い、1日から1週間を目安に漬ける。漬け時間がたつほど、身が締まってくる。保存は冷蔵庫で

6 みそを洗い流し、水気をふいて焼く。焼き上がりにみりんを塗って照りをつけ、器に盛って、好みで酢ばすを前盛りにする

野口先生からひとことと。
これも覚えてお料理上手!

練りみそに火を通すと、よい風味になります

サワラのほか、マナガツオやギンダラ、アマダイ、サケなども西京漬けによく合う魚です。練りみそに漬けることで、普通の焼き魚とはひと味違う、風味のよいコクのある味に仕上がります。ポイントは練りみそに火を通すこと。白みそのうまみが引き出され、よい風味になります。何もつけずにそのままいただける味ですから、お弁当のおかずにもぴったり。市販品もいろいろある人気の西京漬けですが、手作りなら塩をふってからの時間次第で塩加減も自在です。マイルドな、手作りならではの味を楽しんでください。

イワシの辛煮

おなじみのイワシに、けしの実をまぶして上品な仕上がりに。
こっくり、ほろり。味わいと食感も楽しい一品です。
日もちするので、多めに作っておきましょう。

1 ボウルに海水より濃いめの塩水を作り、筒切りにしたイワシを10分ほどつける。身やワタが締まったらワタを押し出し、取り除く

材　料

イワシ……大6尾
酢……3カップ
水……2カップ
しょうがの薄切り……適量
調味料
- しょうゆ……3/4カップ
- 酒……3/4カップ
- みりん……1/4カップ

実山椒（塩漬けなど）……適量
けしの実……適量
塩……適量

作 り 方

❶イワシは水の中でウロコを手で払い落とす。頭を切り落として筒切りにし、濃い塩水につけてからワタを取り出す。
❷酢と水、しょうがの薄切りとともにやわらかく煮る。
❸しょうゆ、酒、みりんに実山椒を加えて汁気がなくなるまで煮、いったけしの実をまぶす。

4 けしの実をいってバットに広げ、汁気がなくなるまで煮含めたイワシの表面にたっぷりとまぶす。保存は冷蔵庫で1カ月まで

野口先生からひとこと。
これも覚えてお料理上手!

塩水につけて身を引き締め、皮を破れにくく

身近な魚として親しまれてきたイワシは、その脂肪に含まれる、イコサペンタエン酸という成分が動脈硬化予防、生活習慣病予防にも役立つのだそうです。食べ方を工夫してもっと食卓にのせたいもの。「七回洗えばタイの味」などといわれますが、あまり水にさらすとうまみがなくなってしまいます。手早く、うまみを生かして調理しましょう。身がやわらかいので、ここでは濃い塩水につけて引き締めました。これでワタも取りやすくなり、皮も破れにくくなります。

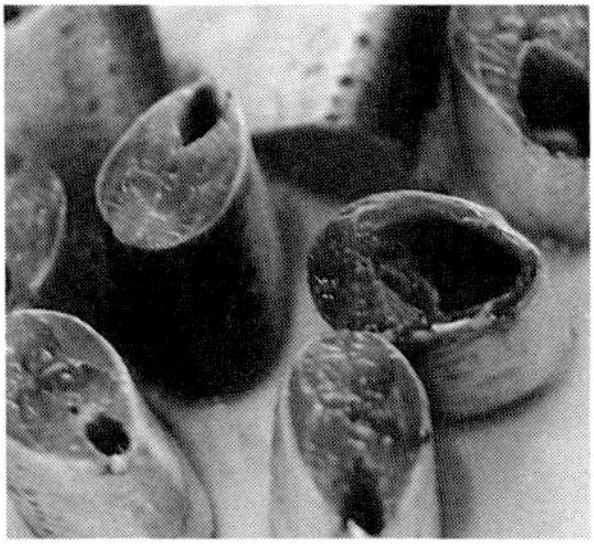

2 ワタを取り除いたら、水気をよくふき取っておく。骨ごと輪切りにする筒切りは、イワシのほかサバ、サンマ、アユなどに用いられる

3 鍋にイワシ、酢、水、しょうがの薄切りを入れ、アクを取りながら十分煮て、やわらかくなったら、調味料、実山椒を加えて煮含める

山椒とけしの実の香ばしさ、
風味のよさが
イワシの
うまみを引き立てます。

卵

第二章

毎日のようによく食べる食品の筆頭といえば卵。
おいしい、安い、栄養価が高い、と言うことなし。
けれど、ふだんの料理では、
案外バリエーションが少ないとは思いませんか。
そこで覚えたいのが
基本の厚焼き玉子や薄焼き玉子、そして茶碗蒸し。
上手にできれば、いろいろな料理に応用できます。
ちなみに、生の卵に火が入ると玉子になります。

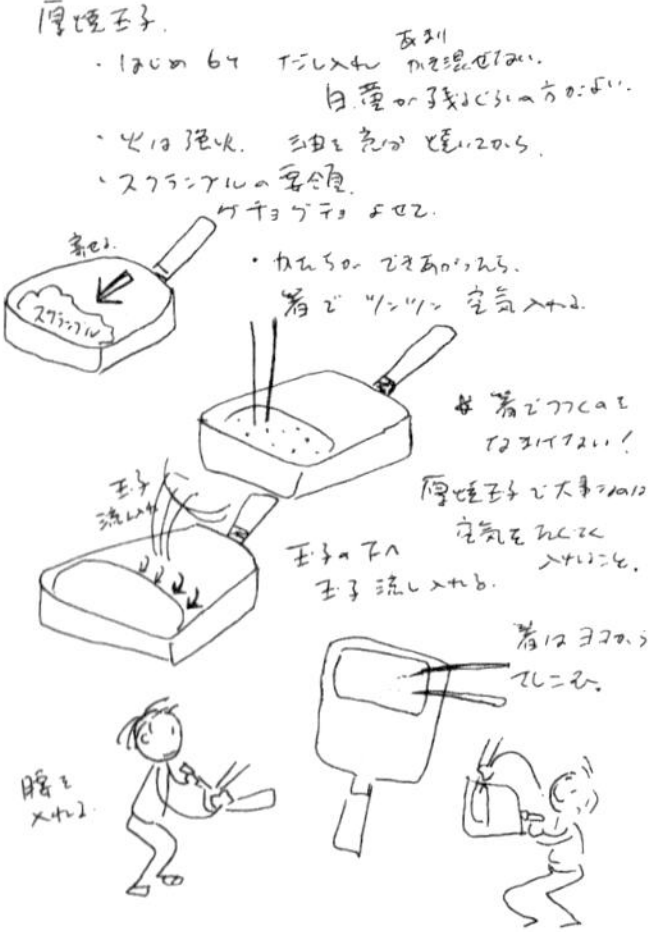

「玉子ダンス」

誰でも人生最初に覚える料理の一つに、卵料理があるだろう。私は子供の頃、ままごと用の料理道具を使って目玉焼きや炒り玉子作りに凝った覚えがある。台所のガス台は高すぎるので、食堂の石油ストーブの上を利用した。なんといっても目玉焼きは簡単で楽しい。フライパンにバターを敷き、ジュージュー溶けてきたところへ卵を一個ツルンと割り入れる。みるみる白身が固まって、きれいなオレンジ色と白の目の玉が浮かび上がるのだ。塩胡椒《こしょう》をふり、水を数滴垂らしてジュッと音が立ったところにすかさず蓋をする。少し蒸らして、さあ、できあがり。まあ、なんて上手に焼けたのかしらとうれしくなる瞬間だ。

目玉焼き作りに慣れたら次は炒り玉子に挑戦する。片手鍋に卵を割り入れ、砂糖、醬油を加えて割り箸でよく混ぜる。それを火にかけると、底のほうから少しずつ固まっていく。固まり始めたなと思ったら、急いでかき混ぜる。箸一対では間に合わないので、割り箸を五、六本、束にして握りしめ、固まり粉砕総攻撃に

イチ、ニのサンで、
ほれ、よいしょっと
ひっくり返せば、
見事に
卵は裏返るのですよ。

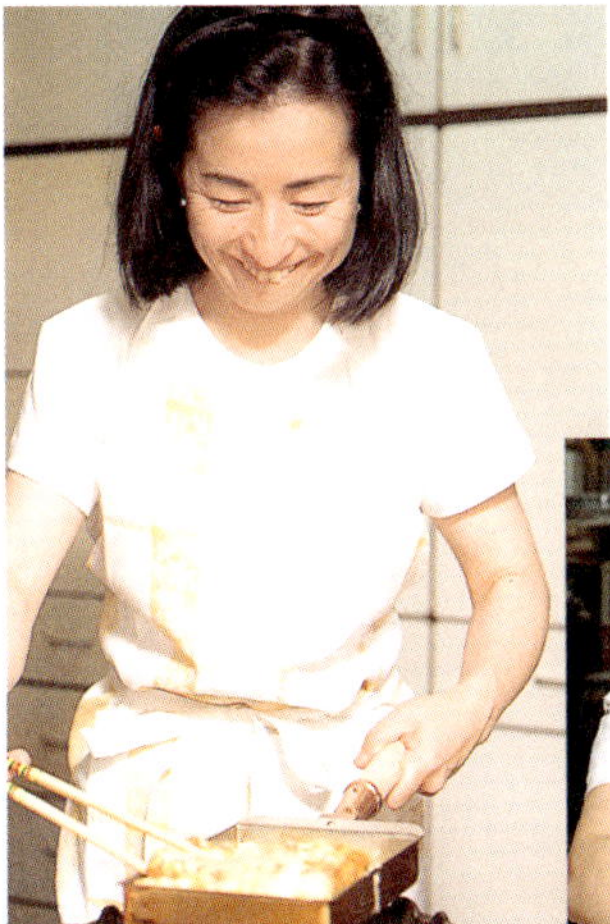

出る。ここで手を抜くと、細かくて上品な炒り玉子は望めない。

あとは、火から下ろすタイミングが肝心だ。少し軟らかすぎるかなと思う程度で火を止めないと、余熱でみるみる固まってしまう。私は半熟グジュグジュ炒り玉子が好みだ。できあがったグジュグジュ玉子をご飯の上にのせ、キュウリのみじん切りと紅しょうがと海苔をパラパラ。塩少々とお醤油で味をつけて食べる「炒り玉子ご飯」が、こよなく好きだった。学校からお腹をすかせて帰ってきたとき、他に何もめぼしいものがない日には、自分で炒り玉子を作り、冷やご飯の上にかけてよく食べたものである。

と、そこらへんまでは、子供にだって朝飯前だが、それ以上の上級卵料理となると、突然、難しくなるのはどういうわけだろう。そう、厚焼き玉子、薄焼き玉子に、だし巻き玉子のたぐいである。

「そりゃ、一にも二にも鍋。鍋さえ良ければ簡単です」と、以前、料亭の板前さんに教えられ、長年信じてきた。そうよね、鍋のいいのさえ持ってりゃ、誰にだってできるのよね。そして、いい鍋を持っていない自分が上手にできないのは致し方ないことだと諦めていた。が、今回、わかったのである。いい鍋を持っているだけでは、ダメだということを。

もちろんいい鍋、すなわち熱伝導にすぐれた銅製の玉子焼き専門片手鍋を持っているに越したことはない。しかし、持っているだけで安心してはいけないのである。

第一に、鍋の手入れが重要だ。現に私は、新品の上等銅鍋を手に入れて、一度、厚焼き玉子に挑戦したあと、水洗いして棚にしまっておいたのだが、二度目に厚焼き玉子を作ろうとしたら、卵が鍋にこびりついてちっともうまくいかない。きれいに洗ったつもりだったが、しばらく放置している間に細かい錆《さび》がついてしまったらしい。その錆を丹念にこそげ落とし、ただし傷つけぬよう気をつけて、なめらかな鍋底に磨き上げる。それから火にかけ、じゅうぶん熱したところへ油をたっぷり注ぐ。ここも肝心。熱してホワンと気持ちのゆるんだ鍋のお肌に油が馴染《なじ》んで、鍋底はさらになめらかになる。余分な油は一度、鍋から取り除く。こうして入念に手入れを施した銅鍋は、しかしとても重い。初めのうちは元気も意欲も満ち満ちて、さほど重さを感じないのだが、ここに卵六個の重みが徐々に加わってくるのである。覚悟はよろしいか?

「まず、油が鍋の角や壁面までたっぷりしみ込んでいるか確認して、そうそう」

左手で鍋の取っ手を、右手に箸を持ち、そばに甘露だしと卵六個が入ったボウルのあることを確認し、先生の指示を待つ。

「鍋が熱くなりすぎないうちに、お玉一杯の卵を入れて」

ジューー。

「ほら、鍋を傾けて、急いで卵を広げなさい。半熟になったら、手前に寄せる。スクランブルエッグ作る要領でいいのです」

でも先生、なんか四角くまとまりませんけど。

「最初はかたちが悪くてもいいの。ほら、向こう側に滑らせて。ちゃんと焼けていればくっつきません。慌てちゃダメ」

「そうしたらまた、油を敷いて。よく熱してから、卵を一杯」

ジュー。

「手早く広げて。卵の山の下にもたっぷり流し込む。そうそう。暇なときに卵をお箸でツンツンつついて空気を入れなさい。できあがりがやわらかくなります」

暇なときって、そんな……、忙しいです。

「ほら、油断してると焦げますよ。そういうときは、一度火から離して」

と、火から下ろすと、

「温度が低いと卵は焼けませんよ」

でまた、火に戻すが、

「焦げるのを恐れて火を弱くしてはいけません。卵料理は強火でやらなきゃ、おいしくならないの」

オタオタしていると、

「さあ、卵の山に横からお箸を差し込んで、一気にひっくり返す。あら、はがれちゃったの。山の下にちゃんと卵を流し込んでいなかったせいですよ」

しまった、と思っても、迷ったり思いに耽《ふけ》っている暇はないのだ。

「鍋を斜めに傾けたり、手前半分だけガス台にのせたりして上手に火加減を調整しなさい」

「ほら、山を向こうへ滑らせるとき、鍋の角にたたきつけるようにしてごらんなさい。だんだんかたちがきれいに四角く整ってきますよ」

とまあ、注意すべきことが多すぎてパニックに陥《おちい》る。手元はどんどん重くなる。

「先生、重い……」と訴えると、

「大丈夫。重くない、重くない」

ニッコリそんなこと言われても、重いのですよ。腕がけいれんし、筋トレをやっている気分だ。

しかし苦しみもがきつつ難関の「山ひっくり返し場面」を何度か繰り返すうちに、ハタとひらめいた。すなわち、手先でこなそうとするからダメなのである。大事なのは脇のシメと、腰、膝《ひざ》の入れ具合。身体全体を利用すれば、うまくいきそうな予感がする。

つまり、左手で鍋の取っ手をしっかり握り、右手に持った箸を卵の山に斜めに差し込む。その態勢が整ったところで火を離れ、鍋を腰の高さに持ち、足を三十センチほど前後に広げ、膝を軽く曲げる。リズムをつけ、後ろから前に、下から上に向かって円を描くように体重移動する。と同時に、イチ、ニのサンで、ほれ、よいしょっとひっくり返せば、みごとに卵は裏返るのですよ。ほほう、なるほど。我ながら感心するほど簡単にひっくり返った。そして私は開眼した。このマイケル・ジャクソンのごときセクシーな腰の動きこそ、きれいな厚焼き玉子を作るコツと見た。

どうしてもうまくいかない人は、卵を焼く前に、膝の屈伸運動をお勧めする。さもなくば、ディスコへ行ってくるとよい。

かくして一回目は鍋が重くて耐えられなかった（実際、その翌日は腕が筋肉痛を起こし、「どうしたの、テニス疲れ？」なんて人に聞かれたが、まさか玉子焼き疲れだとは言えなかった）私も、二回三回と繰り返すうちに、重さを感じなくなったから不思議である。ちょうどテニスが少し上達し、ボールが軽く打ち返せるようになったときの感覚に似ている。

厚焼き玉子作りはダンスである。スポーツなのである。リズムと体重移動、そして動体視力を要する料理だと悟った。この忙しくも魅力的な作業を成功させるには、もしかしてＢＧＭが効果的かもしれない。たとえば、クライスラーのバイオリン曲『美しきロスマリン』のような軽快なものが似合うと思われますが、いかがでしょう。

厚焼き玉子

シンプルでいて、滋味深い。おいしさが口いっぱいに広がります。
定番の料理だからこそ、しっかり覚えておきたいもの。
繰り返し作って、卵焼き器を使いこなしましょう。

材　料　14×17cmの卵焼き器1個分

卵	6個
甘露だし	
だし	大さじ5〜6
砂糖	大さじ6
しょうゆ	小さじ1½
塩	小さじ½
酒	大さじ2
サラダ油	適量
大根おろし	適量
しょうゆ	少々

作り方

❶小鍋に甘露だしの材料を合わせて弱火にかけ、砂糖が溶けたら火から下ろし、冷ます。
❷卵を軽く溶きほぐし、①の甘露だしを混ぜて卵汁を作る。
❸卵焼き器をよく熱し、卵汁を何回かに分けて入れ、焼いていく。最後は卵焼き器の縁を使って角をつけ、形を整えながらほどよい焼き目に仕上げる。
❹玉子焼きを切り分けて器に盛り、大根おろしを絞って添え、しょうゆ少々をおとす。

外は香ばしく、
中はふっくら。
じわっと広がるうまみが
なんともぜいたく気分。

1 卵は冷蔵庫から出しておき、調理する直前に割り、軽く溶きほぐす。冷めた甘露だしを加え、ざっくりと混ぜ、味をなじませる

2 ガーゼなどを折りたたんで多めのサラダ油を含ませ、強火でよく熱した卵焼き器になじませたら、お玉1杯分の卵汁を流し入れる

3 卵が半熟状になったら手前に寄せる。火はずっと強火。卵が焼けすぎてしまいそうなときは、卵焼き器を火からはずすことで調節する

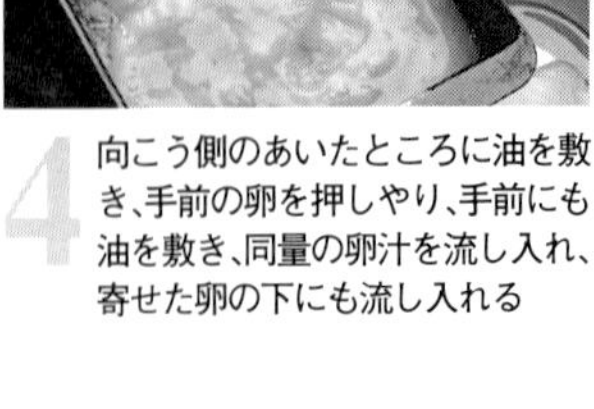

4 向こう側のあいたところに油を敷き、手前の卵を押しやり、手前にも油を敷き、同量の卵汁を流し入れ、寄せた卵の下にも流し入れる

5 卵が固まりかけたら鍋を持ち上げるようし、菜箸を向こう側の卵に添え、手前に折り返す。ときどき卵を箸でつついて、空気を入れる

6 卵汁は、**4**と同様に流し入れ、**5**のように折り返す。これを卵汁がなくなるまで繰り返していく

7 最後の卵汁を焼いて、手前に折り返してまとめたら、卵焼き器の縁にぐっと寄せて角をつけ、形を整えながらほどよい焼き目をつける

野口先生からひとこと。
これも覚えてお料理上手!

厚焼き玉子は甘味しっかり、だし巻き玉子は甘さ控えめ

この厚焼き玉子は甘味をしっかりつけた関東で好まれる味。一方、関西風は甘さ控えめのだし巻き玉子です。だし巻きはみりんを少し加えますが、砂糖は加えません。卵はよく溶きほぐし、さらになめらかにするときは卵汁を一回こして焼いていきます。焼き目はほとんどつけず、焼き上がったら巻きすを使って形を整えます。

薄焼き玉子

ちらし寿司や太巻き寿司、あえ物などに
美しい彩りとほのかな甘味を加えてくれる薄焼き玉子。
やや厚く見えるくらいに焼くのが、おいしさの決め手。

卵一個で薄焼き玉子を一枚焼きます。
少々厚みのあるほうが、卵本来の味が生きて食感もなめらかです。

1 卵は冷蔵庫から出しておき、割りほぐして砂糖を加え、よく混ぜる

材　料　1枚分

卵	1個
砂糖	小さじ1
サラダ油	少々

作り方

❶卵を割りほぐし、砂糖を加えてよく混ぜる。
❷よく熱した卵焼き器にサラダ油を薄くなじませ、卵を焼き上げる。
❸ザルの上などで冷ましてから、短冊切り、せん切りなど、必要に応じて切り分ける。

2 卵焼き器をよく熱し、鍋肌に薄くサラダ油をなじませ、調味した卵汁を一気に流し入れる

3 卵焼き器を傾けながら動かし、卵汁を全体にまわす。火が強すぎるときは、ときどき火からはずす

4 向こう端から菜箸をすべり込ませ、写真のように、端から5分の1くらいのところで、縁から縁まで箸が渡るように差し入れる

5 菜箸はそのままの高さで、卵焼き器を下げる。すると、自然に卵が持ち上がるので、くるりと表裏を返して、片面をさっと焼く

6 菜箸を使って卵を引き上げ、ザルの上などに広げて少し冷ます。そのときの用途に応じて切る

強火のまま
卵焼き器を動かして、
火加減を。
あわてずゆっくり、
何度も試して。

野口先生からひとこと。
これも覚えてお料理上手!

卵はひとつずつ、器に割り入れてそれを合わせるようにします

鶏卵は良質のタンパク質やミネラルが豊富。最近は銘柄卵もさまざま出回り、好みと用途で選ぶことができます。一年中出回っている卵ですが、本来鶏が安定して卵を産むのは涼しいころから寒中。つまり秋から冬が卵の旬《しゅん》なのです。卵のおいしさを保つには、できるだけ涼しいところに保存しましょう。家庭なら冷蔵庫に。卵ケースに並べるときは、卵のとがったほうを下、丸いほうを上にすると鮮度が保てます。そして、コシのある卵料理を作るには、料理の直前に割りほぐすこと。小ボウルなどの小さな器にひとつずつ割り入れ、鍋やボウルで合わせるようにすると、卵の殻が混じってしまったり、万一傷んだものがあっても、取り除くのがラクです。

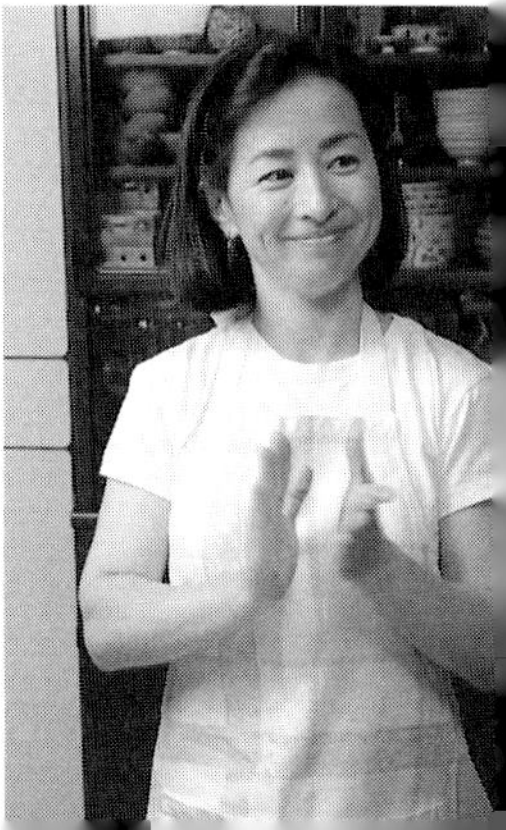

茶碗蒸し

口当たりよい、なめらかな食感がやさしい蒸しもの。
立ち上る湯気が食卓を温かく演出してくれます。
だしと卵の割合を覚えれば、おいしく仕上がります。

材料 4人分

鶏ささみ	1本
車エビ	4尾
A	
酒	大さじ2
塩	小さじ¼
ぎんなん	12粒
生しいたけ	2枚
ゆり根	1球
卵	3個
だし	540cc
調味料	
塩	小さじ1
うす口しょうゆ	小さじ1
みりん	小さじ1
三つ葉	4本
ゆず	少々
塩	適量

作り方

❶鶏ささみは筋を引いてそぎ切りにし、塩少々を入れた熱湯でさっと霜降る。車エビは背ワタを取り、Aを加えたひたひたの熱湯でゆで、頭を取り、殻をむく。ぎんなんは鬼皮を割り除き、塩少々を入れたひたひたの熱湯で色よくゆでて、甘皮をむき、水に取る。生しいたけは石づきを切り落とし、四つ割り、ゆり根はほぐして、それぞれ霜降る。

❷卵をよく溶きほぐし、だしと調味料を加えて静かに混ぜ合わせ、こし器でこす。

❸器に①の具を等分に入れ、②の卵汁を八分目ほど注ぎ入れる。

❹蒸気の上がった蒸し器に③を入れ、ふきん蓋をかけ、蓋をずらしてのせる。強火で2～3分、表面が固まったら蒸気が上がる程度の中火にし、12～13分蒸す。仕上げに、ザク切りにした三つ葉とへぎゆずを飾る。

野口先生からひとこと。これも覚えてお料理上手!

卵とだしの割合。茶碗蒸しは1対3、玉子豆腐は1対1です

茶碗蒸しは卵とだしの割合が1対3、玉子豆腐は1対1です。この割合を間違えず、火加減に注意すれば、おいしく仕上がります。

第三章

豆腐

和食ならではの美しく、おいしい材料から、
さまざまな料理が生まれます。
飛竜頭や白あえは豆腐の風味やコクを引き出した一品。
豆腐をすり鉢でていねいにあたって、
なめらかな口当たりの洗練された仕上がりを目ざします。
豆腐の副産物、おからも、おいしくいただきましょう。

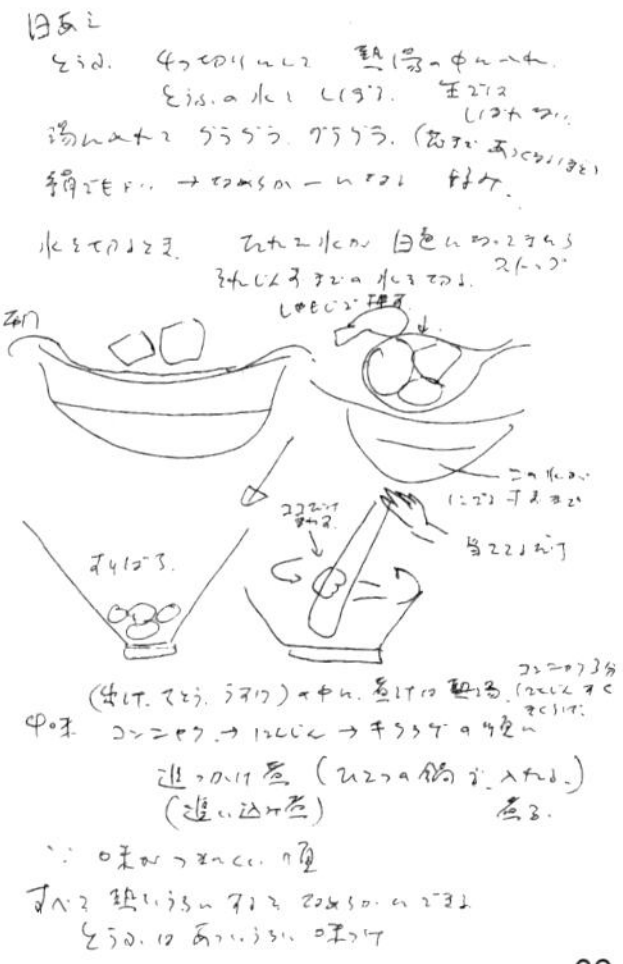

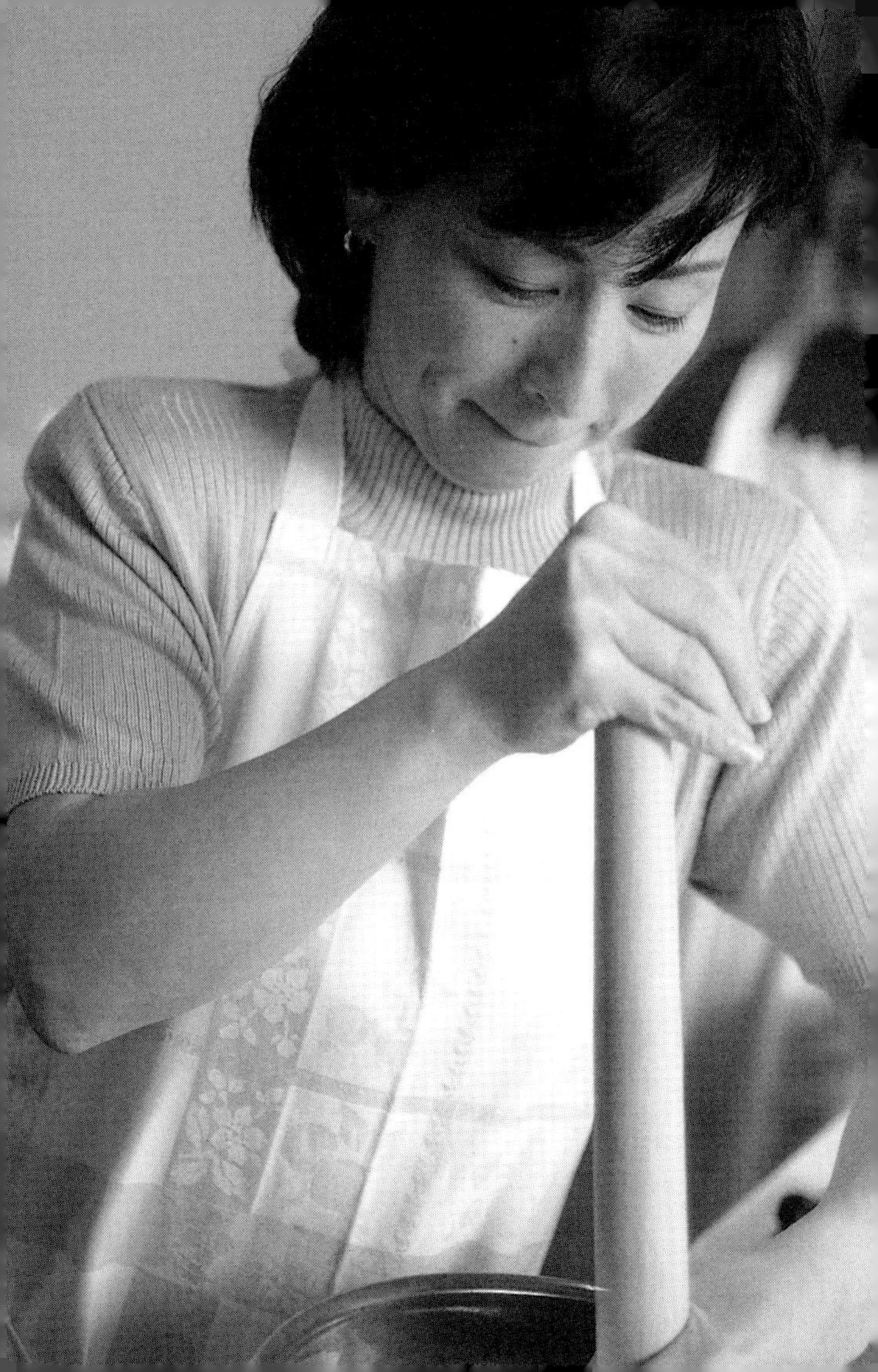

「ウスと竜」

飛竜頭《ひりようず》という言葉とその味を初めて知ったのは、京都でのこと。中学進学が決まり、その祝いにと両親が連れていってくれたときだから、小学校六年の終わりだったと記憶している。泊まった旅館で供され、こんなおいしい豆腐の天ぷらが世の中にあったのかと驚いた。中を割ってよく見ると、キクラゲや銀杏、百合根やにんじんなど、いろいろなものが入っていて、一口嚙《か》むたびに楽しくなる。これ、何ですかと旅館の人に訊《たず》ねたら、

「へ、ひろうすどす」と答えが返ってきたように聞こえ、私は長らく、この豆腐の天ぷらのことを、「広臼」だと思い込んでいた。

実際、見た目が広い臼のかたちに見えたのだ。サルカニ合戦で、その薄茶色の重い身体をいじわるザルの上にドンとのせ、「どうだ、まいったか」「ごめんなさい、もうしません」とサルをこらしめる、あのときの臼の姿を思い出す。

その「ひろうす」が、正確には「飛竜頭」であり、さらに別名を「がんもどき」

と呼ぶと知らされたのは、しばらくのちのことだったように思われるが、それでも私の頭のなかには、あの一品が出るたびに、竜の頭が飛んでいる姿より、サルの上にのしかかる大きな臼の絵が浮かぶのである。

京都で飛竜頭を知って以来、私は何度か母にせがんで作ってもらった覚えがある。自分でせがんだのだから、手伝わなければなるまい。そう思い、下ごしらえに取りかかるが、これがなかなか難儀であった。にんじん、椎茸を細く切る。キクラゲを水に戻して、同じく細く切る。銀杏の殻を割り、湯がいてさらに薄皮をむく。ねとねとした山芋をする。豆腐の水きりをし、すり鉢で擦《す》り、それらの材料を全部合わせ、油で揚げる頃には、かなり疲れた気分になっている。

「ほら、できた。やっと揚がったよ」

興奮して食卓に出したところで、父と弟どもは、期待するほど喜ばない。飛竜頭一品で今夜はおしまいかと文句を言い出すのだ。

「おいしいけどさ。他に食べるもん、なんかないの?」

やれやれ、こんなに手間のかかる料理はウチで作るものじゃないと見切りをつけて以来、我が家の食卓からいつのまにか消えていった。

今回、野口先生に教えていただいた結果、その考えが変わったかというと、そうでもない。どう考えても飛竜頭は、手がかかる。面倒な一品には違いない。しかし、これだけ手をかけて作って余りあるほどに、できたて揚げたてのおいしさは、捨てがたいのだ。

「ならばおいしい和食屋さんで食べればいいじゃない」

いや、その満足感とは違う。

「じゃ、おいしい豆腐屋さんでおいしいガンモを買って温めたら」

違う違う。その味とも明らかに違うのである。なんとも形容しがたいが、たとえて言うなら、ヘタクソながら生まれて初めてパンを焼いたときの感激に似ているかもしれない。

複雑な手順を乗り越えて、顔も身体も部屋も粉だらけにし、ようやく焼き上がったアツアツパンをかじったとき、「もしかしてパン屋が始められるかな」と勘違いする、あの瞬間の喜びに通ずるものがある。

無骨なかたちにまとまった、揚げたてホヤホヤの自家製飛竜頭に、しょうが醤油、あるいはレモン醤油をたらして口に頬張《ほおば》るときのシアワセな気持ち。ああ、日本人でよかったと神様に感謝したくなるこの気持ち。恋人に振られて自己嫌悪に陥《おちい》っている人や、仕事の不満がたまって先行きの自信を失っている人に、是非ともお勧めしたい。泣いていないで、飛竜頭を作りなさい。自分で作った飛竜頭を一口食べたら、必ずや元気を取り戻すことでありましょう。

さて、そうは言っても作るとなると、気を引き締めなければならないポイントはいくつかある。そしてそれらのポイントを無事にクリアするために、この手の面倒な一品は、繰り返し作ってみることが大切である。

「豆腐はね、お湯に入れて一度霜降りして、それからふきんに包んでまな板の上で水きりするんだけど、前の晩から水きりして冷蔵庫で一晩寝かせておいたら、霜降りせんでもいいのよ」

つまり、じゅうぶんに水をきることが大事なのであって、その方法はどうでもよろしいというのが、野口先生の真意と見た。それに、面倒は二日に分割して行うと、さほど苦に感じないという利点もある。

ではなぜ、豆腐を徹底的に水きりする必要があるのか。どれくらい水きりをすればじゅうぶんと言えるのか。その答えは、油に入れたときに判明するであろう。

油で揚げるとき、爆発しないために水をきる。ついでに言えば、すり鉢を使って豆腐をよく擦ると、できあがりの口当たりがなめらかになるだけでなく、爆発を防ぐことにもなる。さらに不安な人は、つなぎの山芋の分量を少し多めにするとよいようだ。

山芋といえば、ねとねとするので、なるべくこぢんまり、手早く作業をすませたいというのが本音である。そこで野口先生曰《いわ》く、

「豆腐を擦っているすり鉢の端っこで、山芋を擦ればいいのよ。そのまま混ぜるんだから、別々にする必要ないの」

なんと合理的な方法か。これは、名案だ。

その他の具については、まず山芋の次に卵黄をポトン。続いて、下煮した細切りにんじんと干し椎茸、あるいは戻したキクラゲ千切り（先生のレシピにはないけれど、入れるとおいしいよ）は、そのまま豆腐のすり鉢へ。その段階で、混ぜる手を止める。そして手で、赤ちゃんのこぶし大ほどのダンゴに丸め、まな板に並べる。そのとき手に油を塗っておくとくっつかない。油の上でダンゴがスケートをしながらみるみる丸くなめらかにまとまっていくのは、とてもかわいらしい

光景である。

ダンゴをまな板に並べたら、その一つ一つに指で穴を開け、銀杏や百合根を突っ込んでいく。なるべくダンゴの真ん中に収まるようにしないと、揚げたときにこちらも爆発の恐れあり。

いよいよ油で揚げる段になるが、このとき気をつけるべきは、まず鍋をじゅうぶん空焼きしてから油を注ぐこと。いつものことながら、鍋肌を温めてしっかり広げておくと、揚げたとき鍋につかないからである。温度は低温。まな板の上で少しかたちの崩れたダンゴを再び油手の上に転がして丸め直し、もう一度、油をかき混ぜたうえで（温度を均一にするため）、そろりとダンゴを落とし入れる。かすかにジュッと音がする程度が適温。ゆっくりじっくり揚げると、ふっくらキツネ色にできあがる。

はあ、できたと、思わず大きな溜息《ためいき》が漏れ、身体中の力が抜けるであろう。しつこいようだが、一人で作るとなると、まことに手がかかる。しかし、その揚げたての、できたて飛竜頭を、とにかく口に運んでごらんなさいませ。疲れが一気にふっ飛んで、アチチアチチと喜びのダンスをしたくなること間違いなしである。

飛竜頭の含め煮

くずした豆腐に山いもや刻んだ野菜を混ぜて揚げるがんもどき。
関西では、ひりゅうず、ひろうす、ひりょうずと呼んでいます。
豆腐のおいしさを生かしながら、ボリュームもある一品です。

作り方

❶豆腐はよく水きりしておく。
❷干ししいたけは水にひたしてやわらかくもどし、軸を取って細切り、にんじんは3cm長さの細切りにし、煮汁Aで煮る。
❸ゆり根は鱗片を1枚ずつはがして、たっぷりの水でふり洗いし、水に酒少々(分量外)を加えてさっとゆでる。
❹ぎんなんは鬼皮を割り除き、塩（分量外）を入れた熱湯でゆで、甘皮をむいて水に取る。
❺①の豆腐を裏ごし、すり鉢ですりつぶして山いも、卵黄を加えてすりのばし、②の具を混ぜて③と④を包み込んで形づくる。
❻鍋を火にかけてよく熱し、油を注ぎ入れて120～130℃の低温から⑤を入れ、こんがりと色づくまで、ゆっくり揚げる。
❼⑥の飛竜頭の油をきり、煮汁Bで煮含める。
❽⑦の飛竜頭を器に盛り、ゆでてから煮汁Cで煮た春菊を添え、ゆずのせん切りを天盛る。

材料　4人分

木綿豆腐……1丁
山いも……40g
卵黄……1個分
干ししいたけ……2枚
にんじん……40g
煮汁A
- だし……1カップ
- みりん……大さじ1
- 塩……小さじ1/3
- うす口しょうゆ……少々

ゆり根……1/2球
ぎんなん……24粒
煮汁B
- だし……1 1/2カップ
- 砂糖……大さじ1
- みりん……大さじ1
- 酒……大さじ1
- うす口しょうゆ……大さじ1 1/3

春菊……1束
煮汁C
- だし……1/2カップ
- みりん……大さじ1
- 酒……大さじ1
- うす口しょうゆ……小さじ1 1/2

揚げ油……適量
ゆず……少々

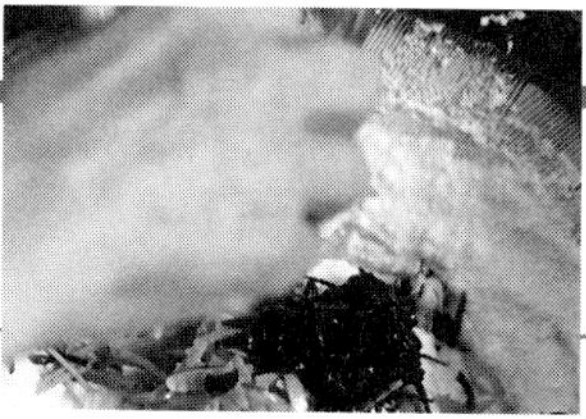

3 下煮して、味を含ませたしいたけとにんじんは、冷めてから汁気をきって2に加え、しゃもじでまんべんなく全体を混ぜ合わせる

4 ゆり根はさっと洗って水気をきる。鱗片を外側から1枚ずつ、ていねいにはがし、たっぷりの水の中でふり洗いする

5 鍋に水を入れ、酒少々を入れてからゆり根を入れ、火にかけてゆでる。ぎんなんは塩を入れた熱湯でゆで、甘皮をとる

1 しっかり水きりをした豆腐を裏ごす。こうすることで、生地がよりなめらかになり、口当たりよく仕上がるが、好みで省いてもよい

2 すり鉢で豆腐をすりつぶし、山いもをすり鉢で直接すりおろしながら加え、すりこぎですり合わせ、卵黄を加えてさらにすりのばす

6 3の生地をスプーンなどで、ひとすくいずつ、まな板に並べる。仕上がりが同じ大きさになるよう、生地の分量を均等にする

7 生地にゆり根、ぎんなんをのせ、包み込むように丸める。このとき中指の先にサラダ油をつけ握り込んで手のひらに油をつけるとよい

8 揚げ鍋を火にかけ、煙が立つくらいまで空焼きに。こうすると生地がくっつかない。油を入れ120～130℃の低温のうちに7を入れる

9 生地は動かさず、表面が固まってきたら裏返す。数回返してこんがりと色よく揚げ、いったん温度を上げてから油からあげ、油をきる

10 煮汁Bを煮立て飛竜頭を煮含める。揚げてからしばらくおいたときは湯をかけ油抜きしてから煮ると調味料の浸透がよい

野口先生からひとこと。
これも覚えてお料理上手!

飛竜頭を上手に揚げるには豆腐の水きりをしっかり

くずした豆腐にいろいろな野菜を混ぜて揚げる飛竜頭。おいしい飛竜頭を作るには、おいしい豆腐を選ぶことがなにより大切です。ただし、どんなにおいしい豆腐でも、水きりをしっかりしないと台なし。豆腐に余分な水気が残っていると、油がはねて扱いにくいし、いったん固まった表面が破れてしまったりして、仕上がりの美しさ、おいしさを損ないます。

豆腐の水きりにはいろいろな方法がありますが、時間に余裕のあるときは、ボウルに盆ザルなどを重ねて豆腐を置き、重しはせずにひと晩冷蔵庫に入れておくとちょうどよい状態となります。時間がないときは、熱湯にさっとくぐらせてからふきんに包んで、軽く重しをかけます。これでほかの材料の下ごしらえをしている間に水をきることができます。

卯の花のいり煮

食物繊維の豊富なおからに、野菜をたっぷり加えたヘルシー料理。
しっかりした味なので冷めてもおいしくいただけます。
もう一品の副菜に、酒肴にと、便利です。

材　料　4人分

おから……………………400g
長ねぎ（細いもの）……2本
にんじん…………………½本
ごぼう……………………½本
こんにゃく………………½枚
油揚げ……………………2枚
絹さや……………………10枚
サラダ油…………………大さじ1
煮汁
　だし……………………2カップ
　砂糖……………………大さじ7
　しょうゆ………………大さじ6

作　り　方

❶ねぎは1cm厚さの輪切りにする。にんじんは2cm長さの細切り、ごぼうは粗いささがきにして水にさらし、水気をきる。こんにゃくは2cm長さの細切りにして熱湯で霜降る。油揚げはさっと霜降って油抜きし、縦半分から細切りにする。
❷鍋を熱して油を敷き、ねぎをよく炒めてからにんじん、ごぼう、こんにゃく、油揚げを加えてさらに炒める。
❸おからを入れ、全体をよく混ぜ、煮汁の材料をすべて加えていり煮する。
❹煮汁がなくなったら、筋を取ってゆでた絹さやを斜め薄切りにして加えて混ぜる。

1 鍋を熱して油を敷き、ねぎを香りよく炒めてから、にんじん、ごぼう、こんにゃく、油揚げを加えて炒め合わせる

2 おからを加え、ぱらぱらとほぐすように全体をよく混ぜ合わせる

3 煮汁の材料を加え、鍋底にくっつきやすいので、底から返すように混ぜ、汁気がなくなるまでいり煮し、絹さやを混ぜ合わせる

野口先生からひとこと。
これも覚えてお料理上手!

おからは豆腐の副産物。いろいろ使える便利素材

豆腐を作る過程で、大豆を煮てこしたときに残るしぼりかすがおからです。卯の花、きらずとも呼びます。卯の花とは春に咲くウツギの花のことで、白い花にたとえた呼び名です。きらずとは、おからは切る必要がないというので、「切らず」というわけ。漢字では「雪花菜」という字をあてます。

ご紹介したいり煮のほか、アジやサバをあえた卯の花あえ、酢飯のかわりにおからを使う卯の花寿司など、おからのおいしい利用法はいろいろあります。タンパク質や食物繊維が豊富な食品ですから、もっともっと活用しましょう。

にんじんとこんにゃくの白あえ

なめらかな口当たりとこくのある味わいが身上です。
豆腐のあえ衣で、軽く下味をつけた具をあえますが、
何をあえるかはお好み次第。季節の味を上手に取り入れましょう。

材 料 4人分

木綿豆腐……1丁
にんじん……100g
こんにゃく……½枚
きくらげ……少々
絹さや……少々
煮汁
- だし……⅔カップ
- 砂糖……大さじ3
- うす口しょうゆ……大さじ3

あえ衣の調味料
- 砂糖……大さじ2¼
- 塩……小さじ⅓
- うす口しょうゆ……少々
- 酒……少々

作 り 方

❶にんじんは4～5cm長さの細切り。こんにゃくも4～5cm長さの細切りにして熱湯で霜降る。きくらげは水でもどして石づきを取り、熱湯で霜降って細切りにする。
❷鍋に煮汁の材料と①の野菜を入れ、下煮する。
❸豆腐は4つ切りにして熱湯で霜降る。水気をよくきってすり鉢ですりのばし、あえ衣の調味料を加えて混ぜる。
❹汁気をきった②の具を加えて混ぜ、仕上げに、筋を取ってゆでた絹さやを斜め薄切りにして加え、混ぜ合わせる。

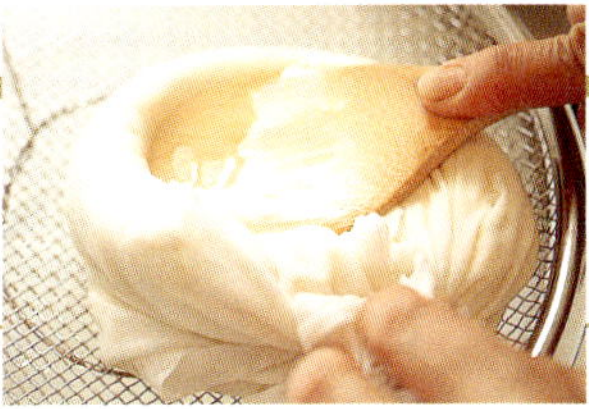

1 豆腐は、4つ切りにし、熱湯で霜降ってから盆ザルに広げたふきんに包み、しゃもじで押さえて水気をよく絞る

2 水気を絞った豆腐を、すり鉢ですり混ぜ、あえ衣の調味料を加えてさらによくすり、混ぜ合わせて、なめらかな衣を作る

3 下煮して冷ましたにんじん、こんにゃく、きくらげの汁気をきって、あえ衣に加えて混ぜ、絹さやを加えて混ぜ合わせる

野口先生からひとこと。
これも覚えてお料理上手!

食感の違う木綿と絹ごし。二次加工の料理では木綿豆腐を

水につけた大豆をひいて炊き、絞って豆乳にし、にがりを加えて固めたものが豆腐です。木綿豆腐は固めるときに穴のあいた箱に入れ、重しをして水きりして作りますが、絹ごし豆腐は水きりはしません。ですから木綿豆腐はしっかりした食感となり、絹ごしはなめらかな口当たりとなります。料理にどちらの豆腐を使うかは、好みの分かれるところですが、基本的には煮る、揚げるなどで豆腐を二次加工するときは、木綿豆腐が適しています。木綿豆腐はそのままではやや粗い食感ですが、すり鉢でよくあたれば、なめらかな口当たりに仕上がります。

第四章

天ぷら

タネによって、豪華にもなれば、
ボリュームのあるお総菜にもなる天ぷら。
季節の味と香りを手軽に味わえる、便利な料理ともいえます。
よい素材を選び、ゆるめの衣でかりっと揚げる、
天ぷらのコツはじつにシンプル。
揚げたてのアツアツは、なによりの家庭のごちそうです。

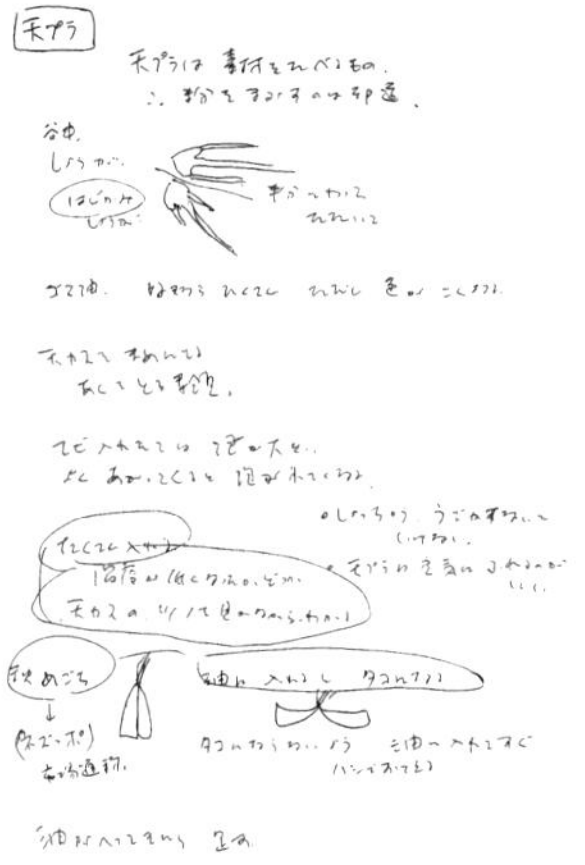

「どてら着せずにストリッパー」

野口先生が早口大阪弁で必ずおっしゃる口癖に、こんな言葉がある。

「料理は、お金をかけるか、手をかけるか、どちらかです」

すなわち、おいしいものを食べたければ、お金をかけて一流のお店へ行く。が、お金がないのなら、じゅうぶんに手をかけなさいという意味である。ははあ、ごもっとも。手抜きをしてはおいしいものにありつけないのかと、いい加減を人生のモットーとしている私としては、やや肩を落としつつ納得するけれど、しかし、いくら手をかけたってうまくできないぞ、こりゃクロウトに任せたほうが賢明だと思われるメニューはいくつかあるものだ。かねがねそう思っていたメニューの一つに、天ぷらがあった。

おいしい天ぷらを食べようと思ったら、天ぷら屋さんへ行くのがいちばんである。なまじ妙なやる気を起こして家庭で、「今夜は天ぷらにしようか」などと口走ってごらんなさい。準備にはさほど手がかからないにしても（新鮮な魚を手に

「どてら着せずにストリッパー」

ごま油は、香りだけでなく、油のキレがよくなる効果もあるそうだ。

入れるには、ちょっと手がかかる)、くったくったに疲れ切ること請け合いである。

なにしろ揚げたてホヤホヤを口に入れなければおいしくない料理である。揚げる係になった人間は、台所と食卓を小走りに行ったり来たりの往復で、運動会に出たように体力を消耗するであろう。なに言ってるの、ウチは卓上天ぷら鍋があるから大丈夫よんと、余裕の笑みを浮かべるアナタも、油断はなりませぬぞ。食卓で油と格闘するうち、油の匂いが身体のすみずみにまで重くのしかかり、みるみる食欲が失せてくるというものだ。この労苦を忘れてしまうほど、カリカリッとおいしい天ぷらを作る才能があるのならいいけれど、なんといっても揚げる温度が難しい、衣の調合が難しいと、難しいだらけで、いつも、しんなり元気のないシロウト天ぷらができるばかりである。

「でしょ?」と先生に進言すると、「いいえ、断じてそんなことはありませんっ!」

きっぱり否定して、教えてくださったのは、まず衣の作り方。

「薄力粉は冷蔵庫に入れて湿気をとっておきます。使うときに一度ふるって」

「ふるう!? お菓子じゃあるまいし」と驚けば、「お金がないなら手を抜かない!」

お金がないから、渋々ふるうことにする。そのサラサラ冷え冷え薄力粉をボウルに入れ、その隣に氷水を用意する。粉や水を冷やすのは、ねばりを出さないためだ。そして卵は卵黄だけ。白身を使うと、ふっくら揚がるのはいいが、そのあとペチャンとつぶれてしまうからである。

続いて油、と、この段にきたとたん、先生ったら「何でもいいのよ」といい加減なご発言。「でもまあ、しいていえばサラダ油がいちばん。脱臭、脱酸（もたれない）、脱色してあって都合がいいの。香りをつけるために、サラダ油を熱してから、ゴマ油を少し混ぜると、なおいいですね」

ちなみにゴマ油は香りだけでなく、油のキレが良くなる効果もあるそうだ。

こういう知恵は、野口先生が長年かけて職人の技から盗んだり、ご自分で思いつかれたものである。たとえばもう一つの大事な知恵に、「鍋に油をたくさん注がないこと」がある。「最初からたっぷりの油で揚げるとすぐに油が古くなって、部屋中に匂いが充満し、油も人間も疲れちゃう。少しずつ足していけば、何時間揚げても平気。ついでに温度調節もできるから便利です」。このアイディアは、ピロシキを一日中揚げてもケロリとしている職人さんから教わったとおっしゃる。「さあ、じゃ、衣を調合してちょうだい」

あのね先生、軽くおっしゃいますが、それが難しくて習いに来たのに、「いいの、適当で」と、ここでまたもや大胆発言。

「まずボウルに卵の黄身と氷水を入れて混ぜて。分量？　適当適当。太い箸を使いなさい。あんまり混ぜすぎないで。粉はボウルの縁に盛って、足りないと思ったら、少しずつ土手を崩して、足していけばいいの」

手を抜くなとおっしゃるわりには、だんだん言うことがいい加減になる先生に不信感を抱きつつ、恐る恐る衣を作っていると、

「いいですか。天ぷらは、どてら着せずにストリッパー。これが肝心よ。揚げてみればすぐわかります」

はは、なるほど。つまり下準備は周到に、あとの調合度合いは、タネをからませ油で揚げてを何度も繰り返しつつ、経験から学べということなのだ。布団をかぶったような天ぷら（粉が多すぎる）では色気がないが、衣のまったくつかないまっ裸（粉が少ない）も芸がない。はたまた黄色くなりすぎて（黄身が多すぎる）もおいしくない。クリーム色した薄いレースのような衣をほどほどに、着ているか着ていないかの瀬戸際あたりのチラリズムが、ストリッパーも天ぷらも、

一流というわけだ。そう理解したとたんに度胸がすわったが、それでもかすかな不安を残す私に、「まあ、一応の目安はね」と、優しい先生、つけ加えて曰《いわ》く、

「タネに衣をつけて持ち上げたとき、タラタラタラッと衣が流れ落ちるぐらいのゆるさがちょうどいいと思っていなさい」

さてそこで油の温度の測り方だが、試しに衣を箸の先につけて数滴、油に垂らしてみる。ボトンと落ちて、ただ丸い玉になるのはまだ温度が低い証拠。落とし

たとたん、金平糖のようにトゲトゲが生えてすぐに浮かんでくるときが適温。そこを上手に見計らい、まずはエビから行きますか。

基本的に野菜は低温でゆっくり、魚は高温で素早く揚げるのがコツである。なぜか。野菜を高い温度の油に入れると、すぐに焦げて、葉ものの鮮やか緑が茶色に変色してしまうからだ。また、さつまいもなどの根菜類も、中まで軟らかくするためには、じっくり低温で揚げることが大事である。

それなら前もってゆでておけば簡単じゃないのと思う方がおられるかもしれないが、そこが甘い。「油でジワジワ揚げるのと、ゆでたおいもを揚げるのじゃ、ぜんぜんおいしさがちがうのよ」と先生。

とにかく野菜は低温で揚げる。だとすれば野菜から先に揚げるべきなのだが、そこはやはり、天ぷらの王者、エビ様やお魚様に新鮮油をお譲りするのが筋というもの。あとで野菜を揚げるとき、温度を低くしたいと思ったら、油を頻繁に足せばよい。そのためにも、少なめの油から始めるのである。

ここで改めて、揚げるためのコツを箇条書きにしてみよう。

●鍋は、表面積が広く、一度にたくさん揚げることができる中華鍋がいちばん。

ただ、片手中華鍋は安定が悪いので、両手中華鍋のほうが揚げものには適している。
●エビは尻尾を持ち、真上から油に入れる。跳ねるのが怖いからといって、鍋の縁で衣を切りながら入れるときれいに揚がらない。鮮度の良い魚なら油は跳ねない。
●なすは皮に衣をつけず皮目から揚げる。
●しその葉は裏にだけ衣をつけて低温で揚げ、持ち上げたときピンと立っていることを確認すること。
●アナゴにかぎってストリッパーにしない。衣をたっぷりつけて揚げる。そのためにも最後に揚げると都合がよい。揚げたアナゴは庖丁を入れず、箸で切ること。
以上、注意事項はきりなくあるが、上手にパリッと揚がった天ぷらは、やっぱりおいしい。「ねっ、おいしいでしょー。やればできるでしょ」と先生もうれしそう。

「主人が生きてた頃ね、お前の揚げる天ぷらがどんな店よりいちばんおいしいって、よく褒《ほ》めてくれたのよ。ムホホホッ」

まあ、ごちそうさま。こちらもムホムホ笑っていると、

「だから、男の心をつかみたかったら、天ぷらをしょっちゅう作りなさい！」

そんな先生……。

天ぷら

季節の野菜や魚介をおいしくいただくごちそう。
薄い衣をたっぷりとつけ、からりと揚げて、揚げたてアツアツを食卓へ。
さっくりと揚がった天ぷらは、いくつでもいただけるおいしさです。

材　料　4人分

天つゆ
- だし……2カップ
- うす口しょうゆ……大さじ5
- しょうゆ……大さじ1½
- みりん……大さじ3
- 砂糖……大さじ1

なす……2本
さつまいも……適量
ししとう……4本
生しいたけ……4枚
大葉……4枚
車エビ……8尾
キス……4尾
衣
- 薄力粉……1½カップ
- 卵黄……1個分
- 冷水……1カップ

揚げ油（サラダ油にごま油を2、3割混ぜたもの）……適量
大根おろし、おろししょうが……各適量
*天ぷらのタネはほかに、ふきのとう、いんげん、かぼちゃ、れんこん、みょうが、谷中しょうが、アナゴ、メゴチなど、季節の素材をお好みで

作り方

❶鍋に天つゆの材料を合わせ入れて煮立て、冷ましておく。
❷なすは長さ半分に切って、4つ割り。さつまいもは3㎜厚さの輪切り、または半月切り。ししとうは数カ所に竹串などで穴をあけ、しいたけは石づきを取って大きいものは半割りに。
❸エビは頭と背ワタを取り、尾と殻を一節残してむく。尾先を切りそろえて尾の水を出し、腹に2カ所ほど切れ込みを入れて形を整える。
❹キスはウロコを引いて頭を落とし、背開きにしてワタ、中骨、腹骨を取る。
❺衣を作り、下ごしらえした材料を揚げる。好みで大根おろしとしょうがを添え、天つゆでいただく。

粉は冷やして、一回ふるい、
冷たい卵水と
さっくり混ぜて
粘りを出さない。
これが、からりと仕上がる
天ぷらの衣です。

1 衣の材料、薄力粉はあらかじめ冷蔵庫で冷やしておく。卵黄はよく溶きほぐす。水は氷片を入れて冷やし、冷水にする

2 薄力粉は衣を合わせる前に、一度ふるって、きめ細かくしておく。こうするとだまになりにくく、さっくりとした衣になる

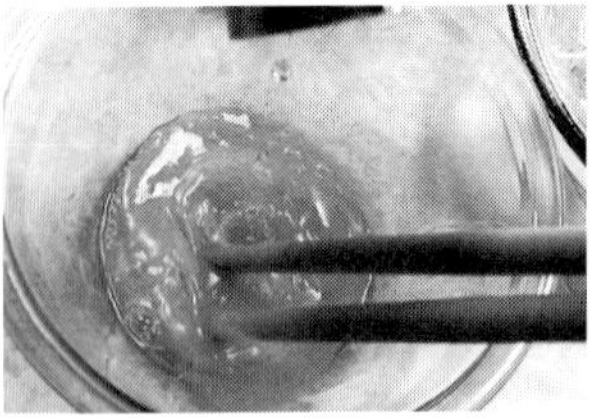

3 ボウルに卵黄と冷水を合わせ、箸でほぐすようにしながらよく混ぜる。冷たさを保つために、氷片をいくつか加えるとよい

4

3の卵水にふるった薄力粉を加え、箸でさっくりと混ぜ合わせる。ところどころに白く粉っぽさが残るくらいを目安とする

野口先生からひとこと。
これも覚えてお料理上手!

天ぷらは、衣と油に注意して。こまめに火加減して、温度管理を

おいしい天ぷらの基本は、薄い衣をたっぷりつけて揚げることです。アナゴなどはやや濃いめの衣が合いますが、これは例外。ほとんどの魚介類、野菜全般には薄い衣がよく合います。冷やした粉をふるって、冷たい卵水とさっくり混ぜ合わせます。

揚げ油にはサラダ油にごま油を加えて。一般的にサラダ油といわれている油は、菜種《なたね》、綿実《めんじつ》、大豆《だいず》、コーン、ごまなどを原料とし、しぼった油を脱色、脱酸、脱臭して、生食できるように精製したもので、軽い風味です。揚げものにしたときも軽く仕上がります。

天ぷらのときはサラダ油に2、3割のごま油を加えます。ごまの香りが加わって風味がよくなりますし、サラダ油だけのときより沸点が高くなるのでカリッと仕上がります。

揚げているときに気をつけるのは油の温度管理。天ぷらの適温は160〜180℃で、180℃を超えてもっと高温になると油が焦げてしまい上手に揚げられません。衣をたらして温度を見ながら、こまめに火加減して、ちょうどいい温度に保ちましょう。

揚げ油には
サラダ油に
ごま油を加えて、風味よく。
野菜は低温から中温、
魚介類は高温で、
からりと
おいしい天ぷらに。

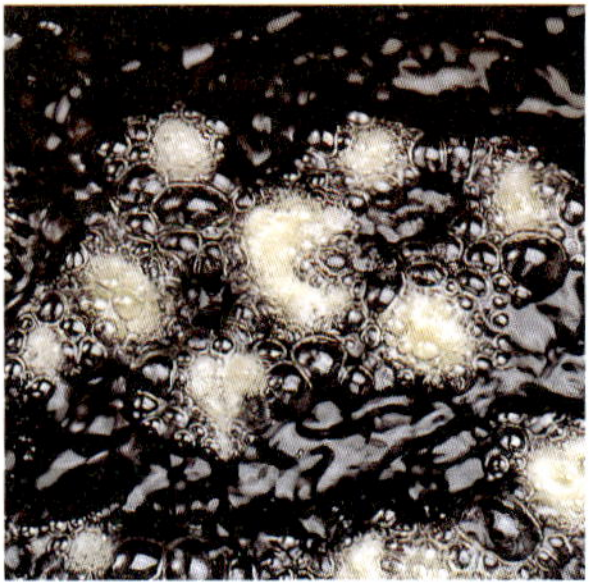

1 揚げ油を熱し、衣をたらして温度を見る。衣が鍋底まで沈むのは低温（160℃くらい）、途中で上がってくるのは中温（170℃くらい）、表面で散るのは高温（180℃）以上

2 油が中温になったら、なすを揚げる。なすは切るそばから身のほうにだけ衣を薄くつけて揚げる

3 中温を保ち、さつまいも全体に衣を薄くつけて、揚げる。かぼちゃやれんこんのときも同様に全体に薄く衣をつける

4 大葉の軸を持って葉の裏側にだけ衣を薄くつけ、揚げる。油は低温で。ししとうの場合も低温

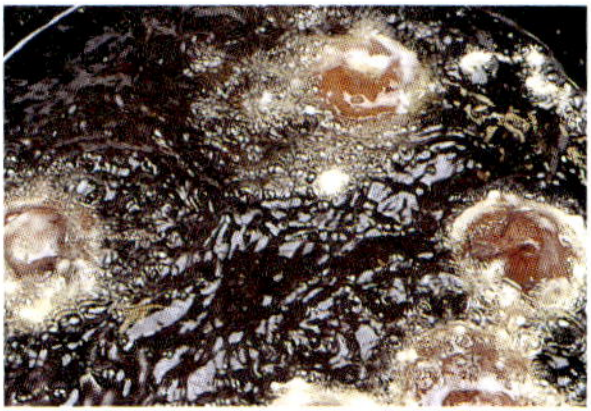

5 しいたけは全体に薄く衣をつけて、油の温度を中温に保って揚げる

6 エビは、全体に衣を薄くつけ、高温にした油に入れる。最初は激しく細かく泡立つが、エビに火が通ってくると泡が大きくなる

7 エビを箸で持ち上げて、軽く感じるようなら、あげごろ。バットに取って油をきる

8 タネを揚げている途中、天かすをこまめに取り出すと、天ぷらがきれいに揚がり、油も傷まない。天かすはあとでうどんなどに利用する

第五章

煮物

切り干し大根、ひじき、干ししいたけ……
保存のために乾燥させた素材、
乾物類にぎゅっとうまっている
うまみと栄養を上手に引き出した煮物。
野菜本来のおいしさを大事にした煮物。
シンプルながら、どれもちょっとしたコツで
ぐんとおいしく仕上がります。

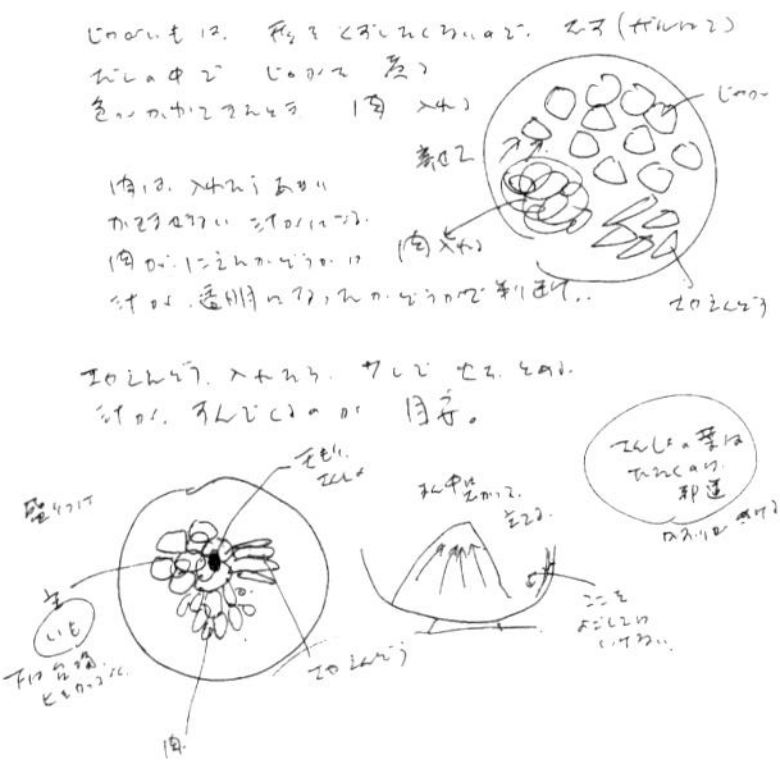

「乾物的熱狂」

子供のときにはまったく興味のなかった食べ物が、大人になって気がつくと、むやみに好きになっていることがある。私にとって切り干し大根は、そんな食べ物の一つである。母が切り干し大根の煮つけを作ってくれても、ずいぶん大きくなるまで、お箸を伸ばさなかったと記憶している。祖母の家で切り干し大根を供されると、さり気なく敬遠していたきらいがある。毎年冬に切り干し大根を段ボール箱一杯送ってくださる方がいらしたが、届くたびに、「また切り干し大根かあ」と内心がっかりしたものだ。食べて食べられないわけではない。しかし、格別ご飯と相性が良いとも思えない。乾物と聞いただけで、なんとなく辛気臭いお総菜のように思われて、いやだった。

ところがこのたび、野口先生に切り干し大根の作り方を教えていただいて、驚いた。切り干し大根ってこんなにおいしかったの？

一口食べて間をおくと、またすぐに食べたくなる。食べるとまた、食べたくなる。やめられない、止まらない。どうすりゃいいんだと思うほどに、あとを引く。つくづく私を日本人に生んでくださってありがとうございましたと、大根の神様に感謝したくなるほどだ。

あまりにもおいしかったので、習った数日後、お揚げと切り干し大根の袋を携えて両親の家へ行った。

「今日はね、切り干し大根、作ってあげる」

殊勝な娘を装って誇らしげに宣言した。

「ほう、それは珍しいねえ」

我ながら珍しいことだと思う。久しぶりに料理への意欲がムラムラと湧いてくるのだ。あのおいしさを一刻も早く身近な人間に味わわせ、「ね、ね、おいしい

でしょ」と感動を分かち合いたくなったのである。

野口先生のレシピを広げ、まずはお揚げの湯通しから始めよう。

「熱湯をお揚げの上からかけるだけじゃダメなんだってよ。鍋の中でしばらくゆでる感じ。で、鍋のふちに油が浮いてきたら火を止めてお湯を捨てる。このときも、せっかく煮出した余分な油が付着しないよう、お揚げを網の上に置くといいんだって」

母に向かい、習ったばかりの受け売りを得意そうに披露する。

「ちょっと面倒だけど、これをしないと味が落ちるんだな」

偉そうな手つきで油抜きしたお揚げをまな板の上にのせ、細長く切る。さて次なる見せ場は切り干し大根本体の、モミモミシーンである。おっとその前に、そもそも切り干し大根を購入する際の注意を記しておかなければならない。

野口先生曰《いわ》く、

「いいですか。古いのはおいしくないの。乾物にだって賞味期限があるんだから。日にちを確認したうえで、袋の中の大根をよく見てごらんなさい。青いところがところどころに残っているのを選びなさいよ」

へえええ、そうだったんですか。そう言われてスーパーの乾物売場でじっくり観察してみると、なるほど切り干し大根にも、すっかり白くなったものや、まだ青い部分の残っているものなど、さまざまあるのに気がついた。乾物と思って見くびってはいけないのである。当然のことながら、買ってきたらあまり日にちを置かずに使うことも大切だ。抽斗《ひきだし》に長くしまっておくうちに、青いところがなくなってしまう。

こうして厳選した切り干し大根を袋から開け、大きなボウルに入れてたっぷり水を張る。そこにしばらくつけておくのかと思うでしょう。そこが違うんですな。つけておくのではなく、ボウルの中でモミ洗いをするのだ。最初に余分なゴミやかすを洗い流し、一度水を取り替えたら手を入れて、キュッキュキュッキュと大根モミ。これを丁寧《ていねい》にやることが、おいしさの秘訣である。続いてモミモミ大根を熱湯に入れて湯がくのだが、湯がきすぎるとおいしくない。

修業する身の私が言うのも僭越《せんえつ》でありますが、料理はやはり復習、すなわち何度も作ってみることが大事だと思われる。この切り干し大根は、あまりのおいしさに釣られたせいもあり、野口先生に教えていただいた数々の料理のなかでもっともしつこく復習した一品だ。両親に食べさせた日に始まって、深夜、急にお腹がすいて作り始めたり、友人宅のパーティーに持っていったりと、一時期は切り干し大根熱中時代が訪れたほどである。ところが何度作ってもおいしいかというと、そうは問屋が卸さなかった。どういうわけか出来不出来が表れるのだ。どうして今回はあまりおいしくできなかったんだろう。なにがいけなかったのか。

上質の切り干し大根と油揚げを使うことはもちろん基本だが、そのうえで、お揚げの油抜き加減、大根のモミモミ具合、湯通し加減、味つけのあんばい、そして炒め煮をする時間……。それらのどれか一つでも手抜きをしたりいい加減にすませると、とたんに理想の味から離れてしまう。簡単そうに見えて、案外ナイーブな切り干し大根であった。

「ときどき失敗することがあるんです。なぜかなあ」

野口師匠に問うと、

「そりゃアンタが下手なのよ」

瞬時に断じられて返す言葉なし。すなわち修業がたりないということか。しかし、それでも再挑戦したくなるのは、あの味のせいである。

くたくたになるほど煮込みすぎず、かすかにコリコリ感の残る、しかしじゅうぶんに味のしみ込んだ絶品切り干し大根のできたてを、お菜箸でつまんで口に入れたときの喜び。その味を一度知ってしまうと、何度失敗しても懲《こ》りる気にはなれない。乾物というものが、これほど便利でおいしいものだったということを長らく忘れていた私は不幸であった。今やスーパーの乾物コーナーは、私にとって生鮮食品コーナー同様に、食欲を掻《か》き立てられる魅力的な場所となっている。

ひじきの煮物

ミネラル豊富なひじきはもっともっと取り入れたい食品。
油揚げと煮る、このシンプルな煮物を応用して、
にんじんやれんこん、ごぼうなどの根菜と煮てもおいしく、栄養もアップ。

鍋にひじきと煮汁を入れて火にかけ、ときどき混ぜながらしばらく煮る。油揚げを加えてから軽く混ぜて煮る。ここからは混ぜすぎないほうがきれいに仕上がる

ひじきは20分ほど
もどしてから熱湯で霜降り。
これがひと味違う
煮物の秘訣。

材料　4人分

ひじき	50g
油揚げ	2枚
煮汁	
だし	1½カップ
砂糖	大さじ5½
しょうゆ	大さじ4
酒	大さじ1

作り方

❶ひじきはぬるま湯に20～30分つけてもどし、さっと水洗いして水気を絞ってから熱湯で霜降り、ザルに取る。

❷油揚げは熱湯でさっと霜降りして油抜きをし、縦半分に切って細切りにする。

❸鍋にひじきと煮汁の材料を入れて火にかけ、ときどき混ぜながらしばらく煮たら油揚げを加える。ひと混ぜし、煮汁がなくなるくらいまで煮る。

切り干し大根の煮物

独特のうまみとシャキッとした歯ごたえがたまりません。
素朴でいて、飽きのこない、おなじみの煮物です。
切り干し大根を上手にもどせば、いつもの煮物がぐんとおいしくなります。

作り方

❶切り干し大根は水に取ってもみ洗いし、水で2回ほど手早くすすぎ、熱湯にさっとくぐらせて霜降る。ザルに上げて水気を絞り、食べやすく切る。
❷油揚げは熱湯で霜降りして油抜きし、縦半分に切って細切りにする。
❸鍋を熱し、サラダ油を敷いて切り干し大根を炒め、油揚げを加えてさらに炒め合わせる。だしを入れ、温まったら砂糖、しょうゆ、酒を加え、ときどき混ぜながら汁気がほとんどなくなるまで煮る。

材料　4人分

切り干し大根	60g
油揚げ	2枚
サラダ油	大さじ1〜1½
だし	⅔カップ
砂糖	大さじ2½
しょうゆ	大さじ2½
酒	大さじ1

1 ボウルにたっぷりの水を入れ、切り干し大根をもみ洗いして、汚れを落とす

2 2回ほど、水を替えてすすぎ、水気を絞る。これを熱湯にさっとくぐらせて霜降り、炒め煮する

野口先生からひとこと。
これも覚えてお料理上手!

切り干し大根は1月、2月が旬。緑の残るものを求めましょう

切り干し大根にも「旬《しゅん》」があります。12月に収穫した青首大根を、切って天日で干して、最もおいしくなるのが1月、2月。青首大根の緑が残っている切り干しを求めましょう。

切り干し大根のうまみを生かすコツは、手早く水でもどし、熱湯でさっと霜降ること。ゆっくり水につけていたのでは、やわらかくはなりますが、うまみが逃げ、シャキッとした歯ごたえもなくなってしまいます。もみ洗いした切り干し大根は水気を絞って熱湯に入れ、再び沸騰したらすぐザルに上げます。ゆですぎは禁物。鍋の縁にわき上がってくるのを目安に火を止めます。

れんこんの酒煮

おつまみにもぴったりの、ピリ辛のいり煮。
酢水につければ、白く、歯ごたえよく仕上がります。
シャキッとしたれんこんの歯ごたえを楽しんでください。

1 れんこんはアクが強く、変色しやすいので酢水につけてアクを抜く。酢水につけることでれんこんの歯ごたえもよくなる

2 鍋に水気をきったれんこんを入れ、たっぷりの酒と赤唐辛子を入れていりつけ、水分をとばしてから調味する

材　料　4人分

れんこん	400g
酢水	適量
赤唐辛子	1〜2本
酒	¾カップ
砂糖	大さじ1½
しょうゆ	大さじ2
酢	大さじ1

作　り　方

❶れんこんは皮をむいて乱切りにし、10分ほど酢水にさらす。赤唐辛子は種を取って斜め小口切りにする。
❷れんこんの水気をきって鍋に入れ、酒、赤唐辛子を加えて中火にかける。ときどき鍋を返しながら水気をとばすようにいりつける。
❸砂糖、しょうゆで調味し、仕上げに酢を加える。

青豆のひたし物

春のめぐみ、グリーンピースのうまみと美しさを丸ごと味わえます。
新鮮な豆を選んだら、できるだけ早く調理しましょう。
色、味、香りが違います。

1 グリーンピースは水に20〜30分つけたあと、やわらかく塩ゆでし、ぬるま湯に取る。こうするとシワが寄らずにふっくら仕上がる

2 ひたし汁は調味料を合わせ、さっと温めて火から下ろし、粗熱を取ってからグリーンピースの水気をきってつけ、20〜30分おく

材　料　4人分

グリーンピース（さやつき）……250g
塩水……適量
ひたし汁
- だし……1カップ
- 塩……小さじ½
- うす口しょうゆ……小さじ½
- みりん……大さじ1

塩……適量

作　り　方

❶グリーンピースはさやから出して、塩水に20〜30分つける。
❷塩少々を加えた湯でグリーンピースをゆで、やわらかくなったらぬるま湯に取る。
❸鍋にひたし汁の材料を入れて温め、火から下ろし、②の水気をきって加え、20〜30分おいて味を含ませる。

粉ふきじゃがいも

ゆでて調味するだけの簡単さ。誰にも好まれるじゃがいもの煮物です。
砂糖としょうゆの甘辛味がどこか懐かしい。
もう一品というときの小さな副菜に、お弁当におすすめ。

1 じゃがいもがゆで上がったら鍋の湯を捨て、砂糖、しょうゆを加えて火にかけ、混ぜ合わせる

2 菜箸を2、3膳束ねた束ね箸で、じゃがいもを煮くずしながら味をからめていく

3 水分がとび始めるとあっという間に煮汁がなくなるので、焦がさないように注意して混ぜる

材　料　4人分

じゃがいも	600g
砂糖	大さじ6
しょうゆ	大さじ3

作り方

❶じゃがいもは皮をむいて4つ割りか、6つ割りにし、たっぷりの水からゆでて、ゆで上がったら湯を捨てる。
❷①に砂糖としょうゆを加えて再び火にかけ、束ね箸でくずしながら味をからめる。
❸細かくくずれ、汁気がとんで全体が色づいてきたら煮上がり。

根三つ葉の煮びたし

シャキシャキとした歯ざわりの、あっさりとした煮びたし。
カロチンがとても豊富な根三つ葉をたくさん食べることができます。
新鮮なものほど、香り高く、歯ざわりもよいので、早めに調理を。

根三つ葉は香りのよさと、
歯ざわりが身上。
加熱しすぎに気をつけ
さっと火を通します。

材　料　4人分

根三つ葉	1束
油揚げ	1枚
酒	大さじ2
だし	大さじ2
うす口しょうゆ	大さじ1½
みりん	大さじ1
いりごま	大さじ1

作り方

❶根三つ葉は3㎝長さに切る。油揚げは熱湯でさっと霜降りして油抜きし、水気を絞って縦半分に切って細切りにする。
❷鍋に酒を入れて煮切り、だしとうす口しょうゆ、みりんを加える。
❸煮立ったら、油揚げと三つ葉の茎のほうを入れて煮、再び煮立ったら三つ葉の葉のほうを加えて火を通す。仕上がりにいりごまを混ぜて器に盛る。

「郷愁のジュワーッ」

かつてアメリカに一年間住んでいたときのことである。慣れぬ土地で言葉もろくに通じず、困っていた頃、なにくれとなくお世話になった当地在住の日本人男性に、「なんとお礼をすればよろしいでしょう」と訊《たず》ねると、「じゃ、お願いが一つ。高野豆腐を煮てくれませんか」

焦《あせ》った。困った。高野豆腐なんて、自分で煮たことがない。いや、ずいぶん前に一度だけ試したことはあるけれど、なぜかゴムのようにキュッキュと硬く、あまりおいしくできなかった記憶がある。

高野豆腐自体をアメリカで手に入れるのは、さほど難しいことではない。今や多くの都市には日本料理用の食材店があり、ことに乾物系は品数が豊富である。

「だから買い置きはしてあるんだけど、おいしく作る自信がないんで、放ってあるんだ。コレ……」と、手渡された箱を見つめ、しばし唸《うな》った。そして苦笑いを浮かべつつ、

「あのー、高野豆腐じゃなくて、麻婆豆腐じゃダメでしょうか。ご飯も炊きますから」

心優しいその男性は、満面にアメリカンスマイルを浮かべ、「いいねえ。楽しみだ」と素直に承諾してくださったけれど、きっと内心は深く悲しんでいらしたと思う。遠き故郷を思い出す懐かしき、あのジュワーッと甘い高野豆腐を久々に味わえると、大いに期待なさったに違いない。

その一件以来、私は高野豆腐コンプレックスを抱えるようになった。スーパーで高野豆腐の箱を見かけるたびに、「しまった」と思う。アメリカでの情けない一件が彷彿《ほうふつ》とされ、「ああ、私は作れないんだ」とみじめな気分になる。一度思い切って誰かに作り方を習おうと思いつつ、いつも逃避してきた。

が、ついに運命のときが訪れた。勇気をふるい、いよいよ高野豆腐の胸に飛び込む日がやってきたのである。

「いいわね。最初に切っちゃうのよ」

カチンコチンのブツを前にして、困惑している私に向かい、野口先生がおっしゃった。

「水分を含んでから切ると、断面が斜めになっちゃうの。だからまず切る。真ん中に庖丁でスジをつけて、トンと切り落としなさい」

えっ、そんなことして崩れないのですかと不安になるが、大丈夫。真ん中に庖丁の刃を当て、思い切ってトンッと押し込むと、なるほどきれいにカパッと割れる。

それを大きなボウルの中に入れ、上から熱湯をたっぷりかける。当然、高野豆腐が浮いてくる。そこを落とし蓋で押さえ……適当な大きさの落とし蓋がない場合は、小さい平皿を逆さにして使えばよい……、さらに上から蓋をして（これをきせ蓋という）、ふやけてくるのをじっと待つ。

といっても、じっと黙って待つだけではダメなのだ。ときどき、三十秒に一度ぐらいのわりで蓋を開け、豆腐を裏返す必要がある。放っておくと下側のほうが早く膨張してしまうので、美しい立法体形にならないからである。

ここでもう一つ忘れてはいけないのが、戻すときに必ず熱湯を使うことだ。

実は野口先生に作り方を習ったあと、ウチで試して失敗した。お湯を沸かす手間をはぶいて、水道のお湯で戻したところ、豆腐の中心に白くて固い芯が一筋、

「郷愁のジュワーッ」

残ってしまったのである。

この芯は、出汁《だし》でいくら煮ても取れないそうだ。やはり最初に戻すとき、アッアッの熱湯でしっかりキッチリふやかしておかなければいけないと、しみじみ悟ったのであった。

こうして二倍の大きさ（すなわち等分する前と同じ大きさ）まで戻ったら、今度は冷たい水の中に移し、一つずつ取り上げて両手の間に挟み、ゆっくりジワジワと水を絞る。このとき気をつけないと火傷《やけど》をするので慎重に。外側が冷えていても、中にまだ熱湯が残っているからだ。アチチッときたら、再び水に入れる。冷えたら取り出し、また絞る。アチチッときたら、また水へ。これを四回ほど（絞り汁が濁らなくなるまで）繰り返し、まな板の上にのせ、半分に切る。このとき切った断面の中心に、白い芯が残っているかを確かめる。もしこの段階で残っていたら、もう一度、熱湯にくぐらせればよい。何度も言うようだが、芯が残ったまま出汁に入れると、固くなるだけで、いくら煮ても芯は消えないのである。

さて、いよいよ出汁の中に入れ、おいしい味を煮含めていくわけであるが、なお油断は禁物である。ギュッと絞った高野豆腐は、まな板の上に放置されるうちに、今度は空気をたくさん吸って膨らんでしまう。そこで、出汁につけ込む直前に、もう一度両手でしっかりと挟み込み、ギュッと空気を抜き、抜いた勢いのまま、素早く鍋の中に落とすことが大事である。

些細《ささい》なことのように思われるが、ここで手を抜くと、ジュワーッとたっぷり味のしみ込んだ高野豆腐はできあがらないのである。

アツアツの高野豆腐に、別煮しておいた蕗《ふき》や小松菜、あるいは生タラコなど、季節に応じた素材を添えれば、立派な一品となるだろう。ああ、これをアメリカ滞在中のあのときに知っていたならば、大和撫子《なでしこ》の名に恥じぬ誠意が示せたものを。あの方は、今いずこ……。

ついでに一言。個人的な好みだが、この高野豆腐、アツアツできたてもおいしいが、冷蔵庫で一晩寝かし、ひんやりしっとり冷え切ったひと切れを口に入れ、ジュルーッと甘い煮汁を嚙《か》みしめるときの快感も、たまらないものがありますぞ。諸外国でご活躍の日本人の皆様、是非、お試しくださいませ。

高野豆腐の煮物

素朴な高野豆腐の煮物に
生たらこやさやいんげんを組み合わせると、ごちそう風になります。
味わい深く、美しい煮物は、おもてなしにもぴったりです。

材　料　4人分

高野豆腐	3枚
生たらこ	2腹
さやいんげん	100g
木の芽	適宜
高野豆腐の煮汁	
だし	2カップ
砂糖	大さじ6
うす口しょうゆ	大さじ1
酒	大さじ1
塩	小さじ1/3
たらこの煮汁	
だし	1 1/2カップ
砂糖	大さじ6
うす口しょうゆ	大さじ2 1/3
酒	大さじ1
さやいんげんの煮汁	
だし	1/2カップ
うす口しょうゆ	小さじ1
みりん	大さじ1
塩	小さじ1/5
塩	適量

作　り　方

❶高野豆腐は2等分し、たっぷりの熱湯にひたす。落とし蓋をして途中で裏返し、倍の大きさになるまでもどったら、水に取る。4回ほど水を替えては水気を絞り、水が濁らなくなったら2等分し、煮汁で煮含める。

❷たらこはプロセス4のように切り、5のように下ゆでしてからいったんザルに上げ、煮立てた煮汁に入れ、中火でじっくり煮含める。

❸さやいんげんは塩ゆでして水に取り、半分の長さに切る。煮汁でさっと煮て、いったん汁から取り出して冷まし、再び煮汁に戻して味を含ませる。

❹器に高野豆腐を盛り、たらことさやいんげんを前盛りにして、あれば木の芽をのせる（117ページの写真参照）。

1 高野豆腐は、包丁で浅く切り込みを入れておいて、トンと包丁の背をたたいて2等分に切り分ける。たっぷりの熱湯を注いでもどす。

2 もどした高野豆腐を水に取り、両手ではさんで水気を絞っては水にさらす。3、4回繰り返し、水が濁らなくなったら、水気を絞る

3 高野豆腐が重ならずに並ぶ大きさの鍋に高野豆腐の煮汁を煮立て、もどしたものを水気を絞って順次加え、落とし蓋をして煮含める

4 生たらこは1腹を2つに分け、さらに半分の長さに切る。このひとつずつの薄皮に、縦に切れ込みを入れ、ザルに入れる

5 塩少々を加えて沸騰させた湯に、**4** のザルを静かに沈め、たらこを下ゆで。はじけるように開いたら、ザルを上げて、煮汁で煮含める

きゅうりとしいたけのごまあえ

淡泊な素材に、ごまの香ばしさとコクがよく合います。
きゅうりとしいたけ以外にも、
あえる野菜はいろいろ。好みの組み合わせを見つけてください。

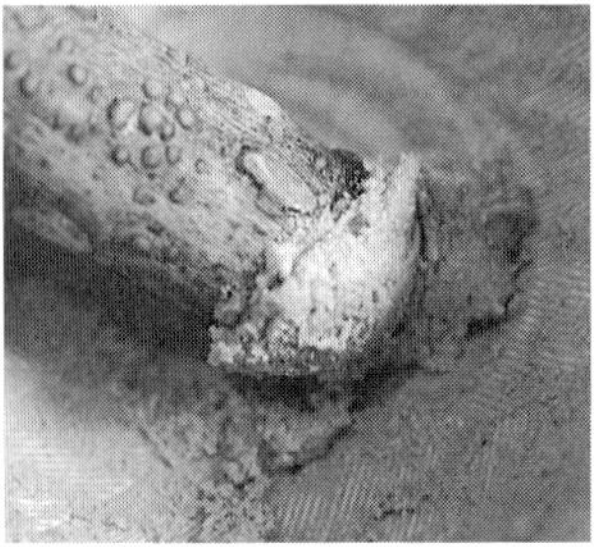

1 みがきごまはほどよくいって、よくすり、みそ状になったら砂糖を加えてすり、しょうゆを加えてさらにすりのばし、あえ衣を作る

2 きゅうりは塩ずりしてさっと洗い、4cm長さの薄い短冊切りにし、立て塩に10分ほどつけてしんなりさせ、水気を絞る

材料 4人分

きゅうり……2本
干ししいたけ……3枚
煮汁
- だし……½カップ
- 砂糖……大さじ1
- うす口しょうゆ……小さじ2
- 酒……小さじ2

あえ衣
- みがきごま……大さじ4
- 砂糖……大さじ1
- うす口しょうゆ……大さじ1

塩……適量

作り方

❶ごまはいってよくする。砂糖としょうゆを加え、さらにする。
❷きゅうりは塩ずりして洗い、4cm長さの薄い短冊切りにし、立て塩（水2カップに塩大さじ1）につけて水気を絞る。
❸干ししいたけは水でもどし、軸を切り落としてせん切りにし、煮汁で煮含める。
❹①のあえ衣に②のきゅうりと③のしいたけの煮汁を軽く絞って加え、あえる。

3 干ししいたけは水でもどし、軸を切ってせん切りに。軸も、石づきだけ除いてせん切りにし、加えてもよい。これを煮汁で煮含める

みがきごまを香ばしくいって、
みそ状にすると、
なめらかな口当たりになります。

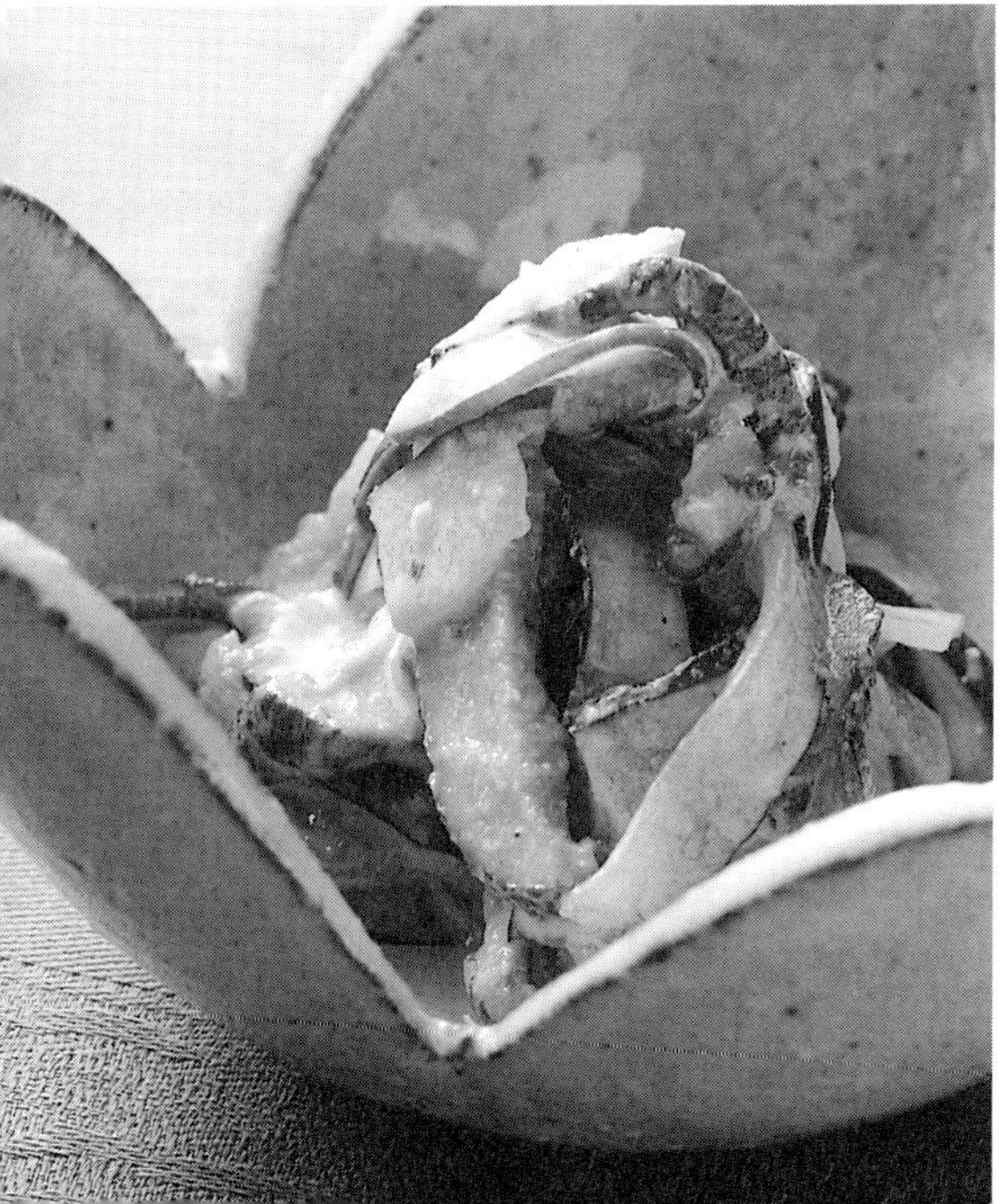

小かぶの炒め煮

煮物においしいのは、秋から出回る身が締まった小かぶです。
小ぶりでつややか、身の割れもないかぶを選んで、
うまみたっぷりの炒め煮にしましょう。

淡泊な小かぶに
油揚げやだしの
うまみを加えて煮れば
とろりと
おいしく仕上がります。

材　料　4人分

小かぶ……1束
油揚げ……2枚
サラダ油……大さじ1½
だし……2カップ
煮汁
　砂糖……大さじ2½
　しょうゆ……大さじ2½
　酒……大さじ1

作り方

❶小かぶは茎と葉を切り落とし、皮をむいて4つ切り、または6つ切りにし、茎と葉は3cmくらいのザク切りにする。
❷油揚げは熱湯でさっと霜降りして油抜きし、縦半分から短冊切りにする。
❸鍋を熱してサラダ油を入れ、小かぶを炒める。小かぶの表面が透明になってきたら茎、葉、油揚げを加えて炒め合わせ、だしを入れ、ひと煮立ちしたら、煮汁の調味料を加えて煮る。

1 鍋を熱し、サラダ油を入れて鍋肌によくなじませてから小かぶを入れ、鍋を揺すりながら、かぶの表面が透明になるまで炒める

2 茎と葉、油揚げを加えて炒め、だしを入れ、ひと煮立ちしたら砂糖、しょうゆ、酒を加えてひと混ぜし、煮汁が少なくなるまで煮る

野口先生からひとこと。
これも覚えてお料理上手!

油揚げを煮物に使うとき、必ずきちんと霜降って油抜きを

小かぶ、ひじき、切り干し大根……、これらに油揚げを加えると、コクとうまみのある、おいしい煮物ができます。油揚げは必ず油抜きしましょう。これで独特の油臭さが取り除かれ、味のしみ込みがよくなります。

きちんと油抜きするためには、熱湯に油揚げを入れ、さっと霜降ること。ザルに油揚げを広げ、熱湯を回しかけるだけでは、どうしても裏側に油がたまって、きれいに抜けません。厚揚げ、さつま揚げ、飛竜頭などの揚げ物を煮るときも、どれも同様に霜降りできちんと油抜きしましょう。

第六章

ご飯とお寿司

和食の基本であるご飯をきちんと炊きましょう。白いご飯に炊き込みご飯、家庭ならではのいなり寿司と太巻き寿司も、紹介します。

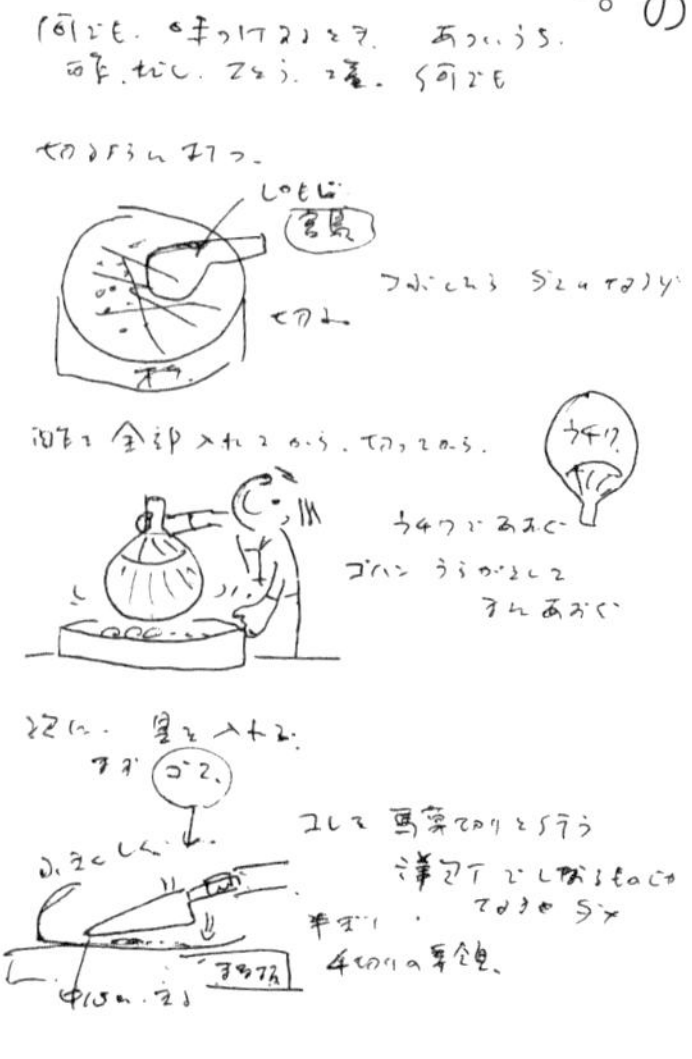

「米研ぎ診断」

かつて友人の檀ふみが、私の米の研《と》ぎ方を評して、のたまった。

「その姿をくれぐれも好きな男性の前では見せぬよう。親の敵《かたき》を取るかのような恐ろしい形相でジャリジャリ研いでいるアンタを見たら、どんなオトコも逃げてしまうでしょう」

そんなことがあるものか。長らく私はこのやり方で研いできたのである。これで立派にご飯が炊けている。

そもそもお米はしっかり研いだほうがおいしくなるのである。昔から「腰で研げ」と言うではないか。腰に力を入れ、念入りに研ぐことに間違いはないはずだ。反論してみたが、心の片隅にやや不安が残る。私の研ぎ方を「研ぎすぎだ」と批判するのは、檀ふみばかりではなかったからである。

母が言う。

「そんなに研がなくても、いいんじゃない」

「米研ぎ診断」

日本食好きのアメリカ人に目撃されたときも、呆《あき》れられた。

「オー、サワコはライスをいじめている」

それだけではない。実はここまでの一件を『ああ言えばこう食う』という本のなかに書いたところ、それを読んだ知人友人が口を揃《そろ》えて言うのである。

「いやあ、驚いた。ジャリジャリしつこく研ぐんだって？　怖い顔で研ぐんだって。目に浮かぶようだなあ」

つまりそれは、誰も私の研ぎ方に賛同していないということだ。珍しいヤツだと冷笑しているのである。多勢に無勢。いったい私のどこが間違っているのか。

お米を初めて研いだのは小学校二年生のときである。母がやることは何でも真似《まね》したい年頃だった。台所仕事は、「真似したい」場所の宝庫である。母の後ろを追いまわして、

「サワコも手伝うよお」と騒いだら、

「じゃ、やってちょうだい」

任された仕事の一つが、米研ぎである。

「どうやるの」と問うと、「こうやって、水を入れて手でかき混ぜて洗うの。ほ

ら、お水が白くなるでしょ」

なるほど米を少し揉《も》むだけで、おもしろいほど水が白く濁っていく。

「何度もお水をかえて、濁らなくなるまで洗いなさい」

思えばこのときの母の言葉が、必要以上に心の底に焼きついてしまったのだ。透き通るまで研ぐ……。

何事にも潔癖とはほど遠い、極めていい加減な性分であるけれど、こと米研ぎに関しては、「水の白い」ことを見逃すわけにはいかなかった。その基本精神をもとにして、しだいに自己流パワフル米研ぎ法が確立されていったものと思われる。

すなわち、少し身体を斜めに構え、右手で米を回して手前に集積し、その山を上からグイッと押す。手のひらで押し込む。それをリズミカルに能率良く繰り返

すには、左手で鍋（私は文化鍋で炊いている）のふちを持ち、少しずつ右に回していくと、ジャリジャリが途切れることなく続く。するとまもなく、蒸気機関車がハイスピードで走っているような音になる。

どうやらこの連続ジャリジャリ音が、檀ふみをおびえさせたらしい。

白く濁った水を取り替え、ジャリジャリを合計六、七回ほど繰り返す。そのくらい研がなければ、水は透き通らないからである。しかしこれが「研ぎすぎ」と言われるゆえんかもしれない。

と悩んでいた折、絶好のチャンスが巡ってきた。野口先生に診断してもらえばよいのである。いつもご飯を感動的においしく炊かれる野口先生に、私の研ぎ方のどこが悪いのか、あるいは正しいか、はっきり決着をつけていただこう。

「まず、お米は木桶の中で研ぎなさい。つるつるしたボウルなんかで研いじゃダメ」

ときどきステンレスのボウルで研ぐ人がいるけれど、あれでは米がすべってちっとも研いだ気がしない。手先でシャラシャラ洗うだけの感触だ。しかしだからといって、木製の洗い桶までは持っていない。値段は高そうだし、第一大きいから場所をとるだろうなあ。

「ぶつぶつ言ってないで、とにかく研いでみなさい。診断してあげるから」

あ、はいはい。まず、木桶に分量の米を入れ、その上にたっぷりの水を注ぎ、かき混ぜて一度ざっと洗い流す。そして水をきって……と、おお、なるほど木桶だと米がすべり落ちてこないために、ギリギリまで水をきることができる。やはり木桶は必要か。

さていよいよ研ぎ始める。手で米を集めて山にして、いざ出発。我流機関車ジャリジャリジャッジャッを開始したところ、

「ほら、そんなにチャッチャカ桶を回さないの。米の表面だけ押してちゃ研いだことにならないのよ」

そこで今度はさらに力を入れ、全体重をかけて力を込め、グイグイグイと米の山を押し込むと、

「そりゃ、強すぎます。米がつぶれる。力強く、しかし米をつぶさず、たなごころですよ、たなごころ」

強く、しかし強すぎず、しっかりじっくり入念に研いでみると、

「もっと手早く。短時間に研がないと、炊く前にお米がどんどん水を吸い込んで

しまいます」

ふーむ、たなごころの加減はなかなか難しい。つまり、米が水を吸収する暇を与えないうちに、強く、しかし強すぎず、大型蒸気機関車の重厚さをもって臨むことが秘訣と見た。それにしても木桶で研ぐと、木肌と手と米一粒一粒の間に確実な密着感が生まれ、しっかり研いでいるんだなあという実感が、ひしひしと湧いてくる。やっぱり木桶を買おうかしら。そんなことを考えつつ、ぐるりんジャッ、ぐるりんジャッ、ぐるりんジャッ、ぐるりんジャッ……と、こんなリズムで研ぐうちに、だんだん要領がわかってくる。ちなみに「ぐるりん」とは、散らばった米を手のひらで搔《か》き集めるときの音である。

こうしてぐるりんジャッを総計二、三十回ほど繰り返したら、水を注ぎ、よくすすぐ。その「研いですすいで水をきる」を三回繰り返したあたりで、「もうじゅうぶん。けっこうです」と野口先生のストップがかかった。

「えっ、でもまだ水が少し濁っているような……」

「いえ、それでじゅうぶん透き通ってます。すぐザルに上げて。急いで急いで」

そうかなるほど。だらだら時間をかけてはいけないのである。今まで私は、水

を透明にすることばかりに気を取られ、時間をかけすぎていたきらいがある。

こうして洗った米は、ザルに上げて二十分以上放置する。水をきることが目的ではあるけれど、同時に米の芯まで水を含ませるという役目もある。そうすれば、炊き上がったご飯に芯が残ることはない。

二十分以上経ったらザルの米をお釜に入れ、米の二割増しの分量の水を加え、いよいよ炊き始めだ。

さてあとは、スイッチを入れるだけとお考えの方はさようなら。もし、どんな鍋でも炊ける方法を知りたいと思われる方はこんにちは。

これを知っておけば、万が一、手元に電気炊飯器などの文明の利器が見当たらず、普通の鍋しかないというときも慌てる必要はなくなる。ただし鍋の条件は、そこそこに厚手で、蓋が重いこと。それさえクリアしていれば、片手鍋であろうと深鍋であろうと、小さくたって大きくたって、必ずおいしいお米は炊ける、と野口先生はおっしゃっておられるぞよ。

そのコツを記述しよう。適量の水を入れ、蓋をしたらまず強火。強火といっても各家庭によってまちまちだ。そこで目安として、カタカタ蓋が躍り出し、わめき出すまでの時間が十分ぐらいと覚えておけばよい。カタカタし出したらすかさず火を中火まで弱め、きっかり五分。続いて弱火でとろとろ五分。最後に火を止め十分蒸らす。赤子が泣いても蓋取るな。

このカタカタ、五分、五分、十分を守ると、驚くほど美しくもふっくらとしたご飯が炊けるのである。どんな種類の鍋でやっても、カタカタ、五、五、十を守ること。なぜか知らないが、確実に成功する。守らないと鍋底におコゲができたり、ベチャベチャご飯になったりする。嘘《うそ》だと思ったら、やってみてね。炊飯器などにまかせておくのはバカバカしくなるほどにおいしいのだからね。

　ここでもう一つ、おまけの知識。もしあなたが、硬めのご飯が好きならば、鍋の中で先に分量分の水だけ沸騰させるとよい。沸騰したら、ザルに上げておいた米を入れ、素早く蓋をし、あとは先程同様、カタカタ躍り出したところで火を弱めて五分、弱火で五分、蒸して十分。これを湯炊きという。沸騰するまでの時間が短縮されるため、比較的しっかりご飯が炊けるというわけだ。

　こうして炊き上がったご飯は、十分蒸らしたのち、しゃもじで天地しておくことも忘れてはならない。天地とは、しゃもじを鍋とご飯の間に差し込み、ご飯を底から上へと混ぜ返すことである。上手に炊けている場合は、天地すると、お米一粒残すことなく、きれいに鍋からはがれるので感動する。天地しておけば、水分が底にたまらず、冷めても味が落ちない。

　もはや私は怖くない。檀ふみをはじめとする友人知人と母さんの皆様よ。もう「研ぎすぎ」なんて言わせない。正しくおいしい研ぎ方炊き方を覚えたのだ。結果的に私はそれほど間違っていなかったのではないか。やはりしっかり研ぐことは必要なのである。あ、でもダラダラ研いではいけないのでした。そして炊くときは、タイマー片手にカタカタ、五、五、十。今後、反省訂正いたします。

白いご飯

米の分量をきちんとはかって、上手にしっかりといで、
2割増しのお水で炊けば、いつものお米もワンランク上の味になります。
厚手鍋や文化鍋で炊くのは、思いのほか簡単でおいしいものです。

2 米の上から桶にたっぷりの水を注ぎ入れる。水道の蛇口を最大に開いて一気に満たすか、ボウルに用意しておいた水を注ぐとよい

3 最初はぬか臭さが水にうつるので、さっとかき混ぜ、手早く水を流す。ここで時間をかけるとぬかのにおいがつくので、とにかく手早く

材　料　4人分

米……………………………2½カップ
水（米の2割増し）………3カップ

作り方

❶プロセス1～7の要領で米をとぎ、ザルに上げて20分以上おく。
❷鍋に①の米と分量の水を入れ、強火にかける。沸騰したら中火で5分、弱火でさらに5分炊き、火を止めて10分蒸らす。
＊ここでは米の分量は、調理用の1カップ（200cc）ではかっています。142ページのかやくご飯からは炊飯器を利用しています。

1 分量の米をはかり、木桶に入れる。木桶は米がすべることなくしっかりとぐことができ、また水をきりやすいという利点がある

とぎ上げた米をザルに上げ、20分以上おき、米の2割増しの水で炊く。炊飯器の場合は炊飯器用カップではかり、表示の水加減に

米をとぎ始める。手前に米を集めて、手のひらでグイッと押すようにといでいく。このとき水が多すぎると上手にとげないので注意

野口先生からひとこと。
これも覚えてお料理上手!

おいしいご飯のコツは米とぎ。手早く、しっかりとぎましょう

米は手早くとぎます。米を入れた桶に水を注ぐと水が白く濁るのは、米の表面のぬかが落ちるから。この水を米が吸うと、炊き上がりのご飯がぬか臭くなってしまいます。ですから1回目の水はすぐに捨てます。そして水を注いで、1回につき20回前後とぎ、すすいで水をきります。これを3、4回繰り返せば、ぬかは十分に落ちて水が透き通ってきます。それ以上といでしまうと米のデンプン質が溶け出してしまいますから、3、4回が適正です。同じお米でも、手早く、しっかりといだ米は、グンとおいしいご飯になります。

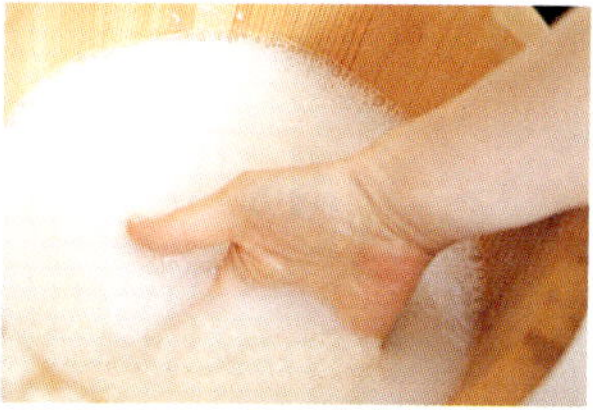

20回ほどといだら、水をたっぷり注いでよくすすぐ。とぎ始めはかなり白く濁った水となる

桶を傾け、水をきり、20回ほどの米とぎを繰り返す。といでは水を注ぎ、すすいで水をきるという作業を3、4回ほど繰り返す

かやくご飯

おもに関西で親しまれてきた炊き込みご飯です。
いろいろな野菜と油揚げを最初に炒めてコクを出します。
水でかまいませんが、だしを使えばさらにおいしく仕上がります。

材料 4人分

- 米……2½カップ
- もち米……½カップ
- ごぼう……50g
- にんじん……50g
- きざみ昆布……10g
- こんにゃく……½枚
- 油揚げ……1枚
- サラダ油……大さじ1
- 調味料
  - しょうゆ……大さじ2½
  - 酒……大さじ2
  - みりん……大さじ1
  - 塩……少々
- 水またはだし……炊飯器の目盛り3まで

作り方

❶米はといでザルに上げ、20分以上おく。もち米はといで水にひたしておく。
❷ごぼうは2cm長さのささがきにして、水にさらす。にんじんは2cm長さのせん切り。水でもどしたきざみ昆布は熱湯で霜降りして2cmほどの長さに切る。こんにゃくは2cm長さの細い拍子木切りにし、さっとゆがく。油揚げは熱湯で霜降りして油抜きし、縦半分から幅4、5mmに細切りにする。
❸鍋にサラダ油を熱し、ごぼう、こんにゃく、にんじん、油揚げ、きざみ昆布の順に加えて炒め合わせ、調味料を加える。
❹炊飯器に米と水をきったもち米を入れ、③の煮汁に水またはだしを加えて炊飯器の目盛り3までにし、具を入れて、ひと混ぜして炊く。
❺炊き上がり、蒸らしたら、全体を混ぜ合わせる。

昔から、
親しまれてきた
かやくご飯。
かやくには
「加薬」という
漢字が当てられるほど
滋養がある
と言われています。

1 ごぼうはできるだけ細かいささがきにして、切ったそばから水にさらしてアクを抜く

2 きざみ昆布は、細かい目のザルに入れ、熱湯で霜降りしてから水をきり、2cmほどの長さに切る

3 こんにゃくは2cm長さほどの細い拍子木切りにし、ザルに入れて熱湯でさっとゆがく

4 油揚げは熱湯で霜降りして油抜きをし、縦半分に切ってから幅4、5mmの細切りにする

5 下ごしらえした具。具の大きさをそろえれば火の通りにむらができることもなく、食感がよい

6 具はごぼう、こんにゃく、にんじん、油揚げ、きざみ昆布と、火の通りにくい順に炒めていく

7 炊飯器に米と水をきったもち米を入れ、具の煮汁が残っていたらそれを入れ、だしまたは水を入れる

8 具を加え、軽くひと混ぜしてから炊飯器のスイッチを入れる

9 炊き上がったら蒸らして、釜の底から混ぜ合わせて、でき上がり

栗ご飯

栗のほっくりした甘味を生かす、あっさりとした味つけ。
もち米とみりんが、つやと、もちっとした食感を出し、
仕上げの香ばしいごま塩が、おいしさを引き立てます。

材　料　4人分

米……………………2½カップ
もち米 ……………………½カップ
栗……………………300g
みりん……………………大さじ1
A
┌焼きみょうばん…………小さじ1
└水……………………3カップ
黒ごま……………………少々
塩……………………少々
水…………炊飯器の目盛り3まで

作　り　方

❶米はといでザルに上げ、20分以上おく。もち米はといで水にひたしておく。
❷栗の鬼皮をむき、実は4つ割りにしてAを合わせたみょうばん水に30分ひたしてから、水洗いする。
❸炊飯器に米、水をきったもち米とみりんを入れ、目盛り3まで水を入れ、栗を入れて炊く。
❹炊き上がったら蒸らして器に盛り、黒ごまをいって塩を混ぜた、ごま塩をふる。

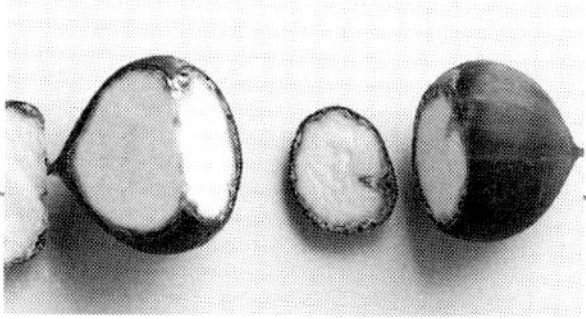

1 栗の鬼皮をむく。栗をまな板に置き、包丁で座つき(底の硬い部分)を切り落とす。切り口をまな板に当て側面の平らな部分を切り取る

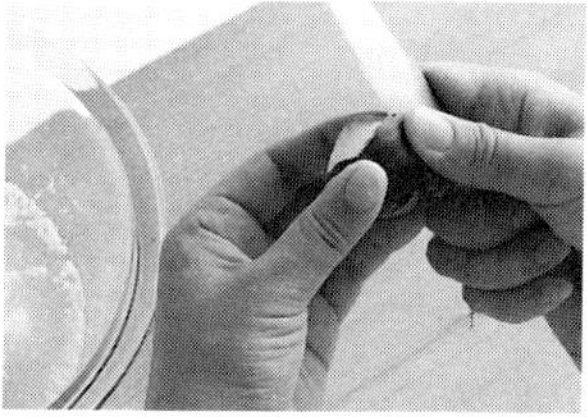

2 栗を手に持ち、残った皮を底のほうから包丁を入れ、面取りするように6面になるようにむく

3 みょうばん水にひたしてから水洗いした栗は、水加減をした炊飯器に初めから入れる

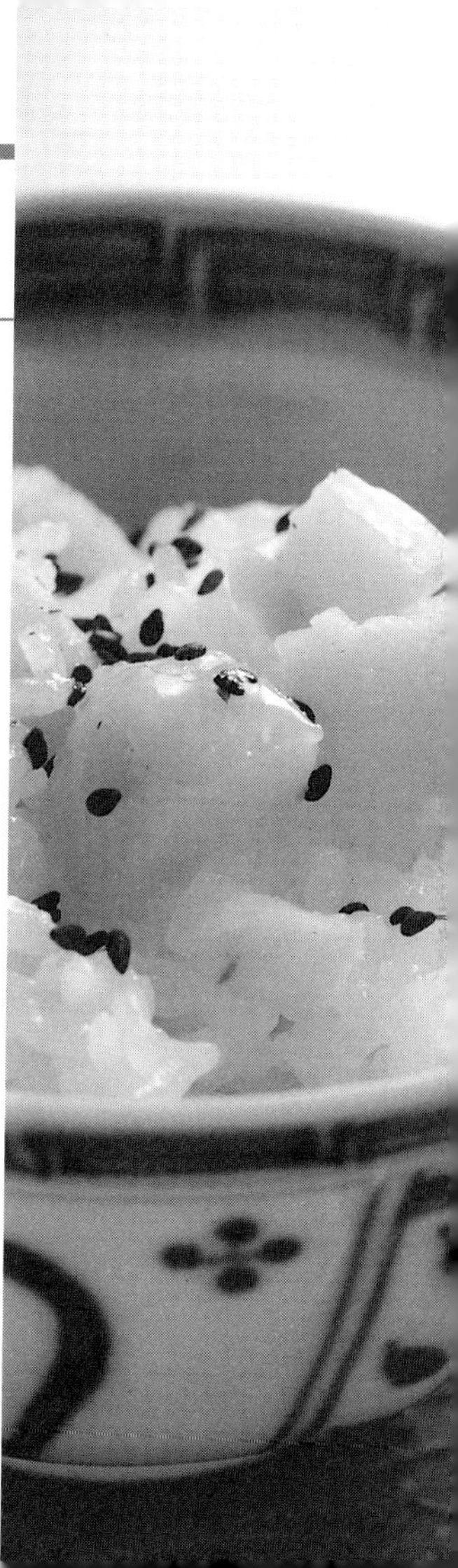

カキご飯

栄養豊富、うまみたっぷりのカキを、炊き込みご飯で。
煮汁に出るおいしいカキのだしを炊き込み、
カキ自体はタイミングよく加えて。ふっくらと仕上がります。

材　料　4人分

米……3カップ
カキ……350g
調味料
- しょうゆ……大さじ2½
- 酒……大さじ1½
- みりん……大さじ1

水……炊飯器の目盛り3まで
塩、酒……各適量

作　り　方

❶米はといでザルに上げ、20分以上おく。
❷カキはザルに入れて塩をたっぷりふり、洗って水気をきり、酒をふる。
❸鍋にカキと調味料を入れて軽くいり、煮汁をきっておく。
❹炊飯器に米を入れ、③の煮汁を入れて、炊飯器の目盛り3まで水を足して炊く。炊飯器から蒸気が出てきたらカキを加えて再び蓋をし、炊き上げる。
❺ご飯を蒸らしたら大きく混ぜ、器に盛る。好みでもみのりを散らしてもおいしい。

1 カキは目の粗いザルに入れて、たっぷりの塩をふる。ザルは竹製のものが最もよい

水で洗ったカキは軽く水気をきり、ボウルに入れて酒少々をふっておく

ボウルに水を張り、カキがひたる程度のところでふり洗いして、汚れを取り除く

鮭とイクラのご飯

生鮭とイクラをたっぷりいただく、ぜいたくなご飯。
生鮭を煮て、その煮汁を加えてご飯を炊くところがポイント。
炊きたても、冷めてもおいしい、おかずいらずのごちそうです。

作り方

❶米はといでザルに上げ、20分以上おく。

❷生鮭は1切れを4～5つに切り、軽く塩をふり、熱湯でさっと霜降って皮を取り、しょうがを加えた煮汁で煮、イクラを加えて火を止める。煮汁をきって中骨を除き、身をほぐす。

❸②の煮汁と水で、米の2割増しになるようはかり、釜または鍋に米と煮汁、水を入れて火にかける。沸騰したら中火で5分、弱火にしてさらに5分炊く。

❹火を止め、②の鮭とイクラをのせて10分蒸らす。さっくりと上下を返して混ぜ、器に盛って、あさつき、または万能ねぎの小口切りをのせる。

材料 4人分

米……3カップ
生鮭……大3切れ
イクラ……200g
煮汁
- だし……大さじ4
- しょうゆ……大さじ4
- 酒……大さじ4
- 砂糖……大さじ1

しょうがのせん切り……1片分
水……適量
あさつき、または万能ねぎ……適量
塩……適量

1 生鮭は1切れを4～5等分に切って塩をふり、さっと霜降って皮を取る。また中骨やアラがあるときは、一緒に使うとよいだしが出る

2 鍋に煮汁を入れて煮立て、生鮭としょうがのせん切りを入れて煮る。途中、上下を返しながら強火で煮、菜箸で身をざっとほぐす

3 イクラを加えてすぐ火を止める。盆ザルをボウルにのせ、鍋をあけて具と汁に分け、そのまま粗熱を取る

4 粗熱が取れたら具をバットに移して、鮭の身を手でていねいにほぐす。小骨があるときは、取り除く

野口先生からひとこと。
これも覚えてお料理上手!

炊き込みご飯は具を入れるタイミングが大事

炊き込みご飯では、具を入れるタイミングを間違えないように注意してください。栗ご飯のように生の材料を最初から入れて炊き込む場合から、鮭とイクラのご飯のように、蒸らすだけでよいものまで。それぞれ材料のおいしさを最大限に引き出す調理法です。

さて、白いご飯の炊き方で紹介したように、ご飯を鍋で炊くのは簡単で、しかもおいしく炊き上がります。炊き込みご飯は炊飯器利用で紹介しましたが、鍋や釜で炊くといっそうおいしいもの。ごちそうの鮭とイクラのご飯は、ぜひ鍋で炊いてみましょう。

5 ①の米を釜に入れ、③の煮汁に水を加えて米の2割増しの水加減にして火にかける。炊飯器のときは、付属のカップで米と水をはかる

6 沸騰して中火で5分、弱火で5分炊き、米が炊けた状態。ここに4の具をのせ10分蒸らし、上下を返すように混ぜて器に盛る

「奥のいなり」

十年ほど前、学生時代の友人が結婚して私の親の家の近くに引っ越してきた。「ご挨拶《あいさつ》がわりです」と手作りのおいなりさんを持って父母を訪ねてくれたらしい。すでに親元を離れて一人暮らしをしていた私は、その報告をあとで聞いた。「それが旨《うま》かったんだよ。実に旨かった。いい奥さんになったもんだなあ、あの娘も」

父は思い出すだに食べたそうな顔をする。母もごきげんだ。こうして友達の株は一気に上がり、「素晴らしい奥さん」の定評確固たるものとなった。なにしろ客嫌いの父がおいなり食べたさに、「いつでも遊びに来なさい」と彼女をしきりに誘うようになったのだから、おいなり効果はすさまじい。

一品の力は偉大である。おいなりさん一つで人の心を開かせてしまうのだ。そういう一品を持っているのは、女として強みであろう。生きるうえの武器である。何もできませんが、これならばすぐ……。不意のお客様が見えたとき、友人宅を訪問するとき、遠足、運動会、あるいは発表会の楽屋への手みやげに、いつものおいなりさん。あの人といえばおいなりさん。そんな恒例得意の一品を持っていると、周辺評価はたちまち高まるに違いない。

よし、おいなりさんの作り方を習おう。そう思いながら果たせぬまま今に至っていたけれど、このたびチャンスが巡ってきた。

野口流おいなりさんは本場大阪仕込みである。甘いお揚げの煮汁と、キリリとした柚《ゆず》とゴマの風味入り薄味酢飯が絶妙に混ざり合い、一口かじるなり、ウッホウッホと飛び跳ねたくなるおいしさだ。さあ、私も作ってみるぞー。

おいなりさんの場合、何が難しそうかと想像するに、うす揚げの口を上手に開けて、袋にするのが手間なのではないかと案じていたが、それにはちゃんとコツがあった。まずうす揚げをまな板の上に置き、すりこぎで軽くトントンたたく。

トントコトンとしばしたたいているうちに、お揚げの内側に空気が入るらしい。ホンマカイナと疑いつつ、たたいたお揚げを庖丁で半分に切ってみる。と、なるほど容易に口が両側にはがれるではないか。はがれないときはお揚げを持ち上げ、両サイドをツネるようにつまんで、左右に広げれば大丈夫。そのとき間違って破いてしまったら、甘く煮たあと、キツネうどん用にとっておけばよい。

無事、袋にしたお揚げは、続いて油抜きをする。油抜きなんて、ただ熱湯を上からかければいいのかと思ったら、「ダメダメ。お湯につけてたっぷりゆでなきゃ油は抜けません！」と野口先生の厳しい声が飛んできた。

「湯をかけるだけでは下に油が残って味が落ちますよ」

「たっぷりってどれくらいですか？」

「ま、二、三分ね。落とし蓋をしてね」

こうして余分な油を抜いたあと、煮込む段になる。そのとき甘味に白砂糖だけでなく三温糖《さんおんとう》（アク抜きしていない砂糖）を使うのは、味にコクを出すためだそうだ。まるでお菓子を作るのかと思うほどの厖大《ぼうだい》な砂糖の分量に一瞬たじろぐが、このゴージャスな甘味があとで功を奏するので怪しんではいけない。

料理を習うときは従順に先生の指示に従うことが大切だ。反逆するのは家へ帰ったあとにする。

「砂糖をちょっと控えましょ」と自己流の味つけを試みて、失敗すれば先生の偉大さを思い知るだろう。「これで満足」と思えば自分の作り方や味つけ傾向を知ることになる。教わったレシピから脱線したり戻ったりしながら、しだいに自分自身のやり方を模索していけば、料理はようやく身につくようになるのである。

なんて偉そうに、思うわけですね。

ところでお揚げを煮るときの調味料は、分量の多い順に入れること。

「何を作るときもそうです。『さしすせそ』の順なんてウソ。分量の多い順よ」と先生。すなわち今回は、だし汁の中にお揚げを入れたら、砂糖、醤油、三温糖、みりんの順だ。ただし砂糖は三回ほどに分けて入れる。一度に入れると味がつきにくいのである。

お揚げを煮ている間に、酢飯を作る。酢飯といえば、片手で酢を加えながら、もう片方の手でうちわをパタパタあおぐものだと思い込んでいたが、これも迷信だった。

「ご飯がアツアツのうちに素早く合わせ酢を入れて、しゃもじで切るように混ぜるの」

混ぜながら、ついうちわを握りそうになると、後ろから「まだあおいではいけません！」「米粒をつぶすとねばりが出てしまいますからね。つぶさないで切るように混ぜる。じゅうぶんに酢が混ざってから、うちわであおぐのよ」と先生。

なぜか。理由は簡単だ。ご飯が冷めてしまってからでは酢を吸収しないからだ。鉄は熱いうちに打て、酢も（ご飯が）熱いうちに打て、が鉄則である。そしてじゅうぶんに酢が混ざったあと、うちわであおぐとみるみるお米が光ってくる。酢を吸収したお米がキラキラ輝いて、その美しいこと。

ここで大事なことを思い出した。酢飯用のご飯を炊くときは、湯炊きにするのを忘れてはならない。分量分の水が沸騰したお湯の中に、研《と》いだお米を一気に入れ、しゃもじで一度かき混ぜてから蓋をする。この方法を湯炊きという。

なぜ湯炊きをするか。酢飯に適したシッカリご飯が炊けるからである。湯が沸騰するまでの間にお米が水を吸いすぎて、ベチャご飯にならずにすむ。この炊き方は酢飯のみならず、ピラフ、チャーハンにも有効。あるいは早く炊きたいときに便利。さらに、硬めご飯が好きな人にも向いている。

こうしてできたピカピカ酢飯にゴマと柚を散らし、俵形おにぎりを作る。甘味のしみ込んだお揚げを軽く絞り（絞りすぎたら「ダメ、おいしくなる！」と先生に叱られた）、ジューシーなお揚げ袋に酢飯おにぎりを詰め込んで、「四隅まできちんと詰めるのよ！」とビシバシ声に叱咤《しった》されつつ、袋の口を適当にたたんだら、できあがり。こんなに怒られながら作っても、こんなにおいしいおいなりさん。キツネになんかやるもんか！

いなり寿司

ジュワーッと味のしみたお揚げと、はらりとした酢飯の味がよく合って
なんともリッチな味わい。
ごまとゆずが上品な風味を添えてくれます。

材　料　30個分

油揚げ	15枚
だし	2½カップ
調味料	
砂糖	1カップ
三温糖	¾カップ
しょうゆ	½カップ
みりん	大さじ2
米	3カップ
水	米の1.5割増し
合わせ酢	
米酢	大さじ4
砂糖	大さじ1
塩	小さじ⅓
いりごま	大さじ2
ゆず	適宜

酢飯は少し硬めが基本。煮立った湯で米を炊く湯炊きなら、ちょうどよい硬さになります。

作　り　方

❶油揚げは半分に切り、たっぷりの熱湯で落とし蓋をしてゆで、油抜きしてザルに上げる。
❷鍋にだしを熱し、①の油揚げを入れて温め、調味料を3回に分けて加え、落とし蓋をして煮含める。煮つめたら火を止め、冷ます。
❸米は炊く1時間前にといで、ザルに上げておく。
❹米を炊く釜に分量の水を入れ、沸騰させて、③の米を入れ、ひと混ぜする（炊飯器で炊く場合も同様に）。蓋をして再沸騰したら中火で5分、さらに弱火で5分炊き、火を止めて、10分蒸らす。
❺ご飯に合わせ酢をなじませ、刻んだいりごまと、ゆずの皮を混ぜた酢飯を俵形に握り、②の油揚げに詰め、形を整える。

1 油揚げにすりこぎを当てて転がし、袋にしたときにはがれやすくする。半分に切ってからたっぷりの熱湯で油抜きをする

2 だしを熱し、油揚げを入れて温めてから調味料を3回に分けて加える。落とし蓋をして煮含める。煮つめたら火を止め、冷ます

3 湯炊きした炊きたてのご飯を盤台《はんだい》などに広げ、熱いうちに合わせ酢を回しかける。手早くご飯の上下を返し、切るように混ぜる

4 合わせ酢がご飯になじんだら、うちわであおいでつやを出し、たっぷりの切りごま、刻んだゆずを加えて、さっくり混ぜ合わせる

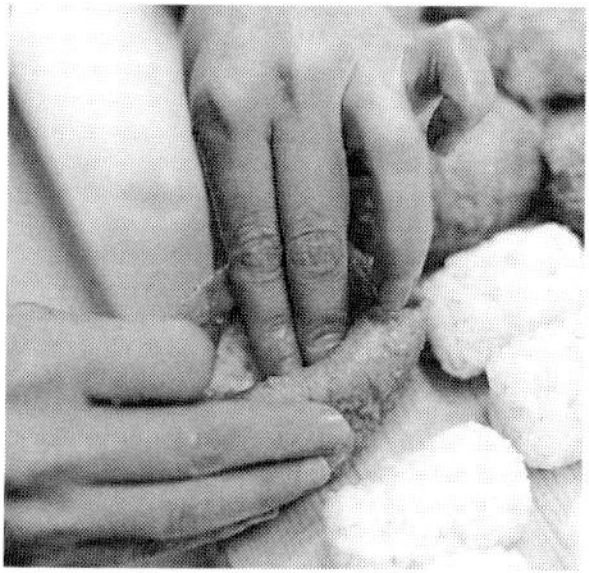

7 油揚げの袋を開き、隅まで酢飯を詰めて形を整え、折りたたんだ口を下向きにして並べる

野口先生からひとこと。
これも覚えてお料理上手!

お揚げの煮方がポイントです

　油揚げを上手に煮て、中まで味がしみ込んでいると、おいしいおいなりさんができます。そのためにはまず、煮る前に油抜きをしっかりと。そして煮るときは、最初から煮汁に入れてしまわず、だしで水気をきった油揚げを温め、そこに調味料を3分の1入れ、少し煮ます。これを繰り返し、調味料を入れきったら、落とし蓋をして煮含めていきます。落とし蓋で押してみて、煮汁が蓋の上に上がるくらいまで煮つめたら、火を止め、そのまま冷まします。余裕のあるときは、前日に煮てひと晩おくと、いっそうおいしくなります。

5 酢少々を入れた手水に中指をつけ、手のひらを適度にぬらし、酢飯を握る。ふた口で食べられる程度の量で、俵形に整える

6 煮含めた油揚げを軽く絞って酢飯を詰める。煮汁がおいしいので、あまり絞りすぎないように

太巻き寿司

彩りもきれいな太巻きは、うれしい日のメニューに欠かせません。
芯の具は、味や歯ざわりのバランスを考えて組み合わせます。
いなり寿司と盛り合わせれば、いっそうごちそうに。

材　料　4人分

干ししいたけ……4枚
かんぴょう……10g
煮汁
- だし……¾カップ
- 砂糖……大さじ4
- しょうゆ……大さじ3
- みりん……大さじ½

卵……2個
調味料
- だし……大さじ2
- 砂糖……大さじ2
- しょうゆ……小さじ1弱
- 酒……小さじ1
- 塩……少々

サラダ油……少々
焼きあなご（市販）……1尾
でんぶ（市販）……適量
きゅうり……細1本
米……2½カップ
水……米の1.5割増し
合わせ酢
- 米酢……¼カップ
- 砂糖……大さじ1½
- 塩……小さじ½

焼きのり……4枚
塩……適量

作　り　方

❶干ししいたけは水でもどし、軸を取る。かんぴょうは水洗いして塩で軽くもみ、10分ほどおいて水で洗ってから熱湯でゆでる。それぞれの水気をきり、煮汁で煮含める。冷めてからしいたけを薄切りにする。
❷卵を溶きほぐして調味料を混ぜ、鍋に油を敷いて玉子焼きを焼く。冷めてから細長く切る。
❸焼きあなごは縦に細長く切る。
❹きゅうりは塩ずりして水で洗い、縦4等分に切る。
❺米は炊く1時間前にといでザルに上げておき、いなり寿司の酢飯と同じ要領で湯炊きし、合わせ酢をなじませる。
❻巻きすにのりを置き、酢飯を広げ、①～④の具とでんぶをのせて巻く。ぬれぶきんで包丁をふきながら切り分ける。

巻きすにのりの表を下に縦長に置き、酢飯を4分の1量ほど広げる。手前に具を置き、巻きすを利用しながら酢飯の端同士をつけるように巻く

第七章

だしと鍋物

和食のおいしさの、
決め手はだし。
昆布と削り節の基本のだしを
まずは、きちんととりましょう。
おいしいだしがあれば、
汁物、煮物、あえ物など、
味わいは何倍にも引き立ちます。
冬のごちそう、鍋物も
だしをつぎ足し、
最後までおいしくいただけます。

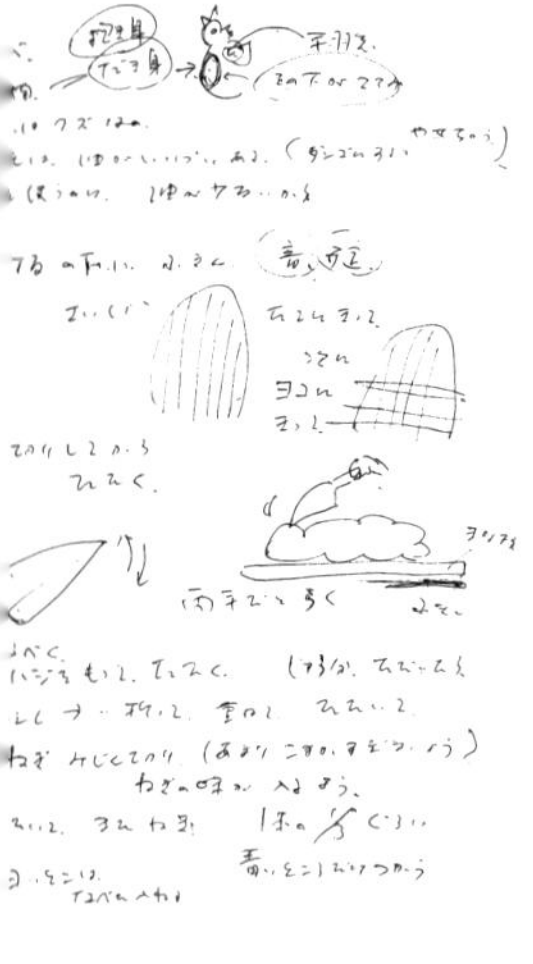

「トコトンダンゴ鍋」

今回は鶏鍋である。その名もいかつい岩石鍋。なにが岩石かといえば、鶏ダンゴのかたちが岩石そのものなのである。ごつごつしていて、いかにも野趣に富んだ豪快な勢いが感じられる。こんなお鍋は初めてだ。

どんなに料理をしない人でも、鍋の一つや二つは知っているであろう。得意の鍋、子供の頃から慣れ親しんだ鍋。同じ「しゃぶしゃぶ」も、その家それぞれに伝授された独特の作り方、タレの味、具の種類がある。「すき焼き」にしたってそうである。牛肉、長ねぎ、豆腐に春菊。入れるものは同じでも、その家の家風というものが存在する。味つけや具を入れる順番などが微妙に違うのだ。

ぐらぐら煮立つ鍋を囲み、「やっぱり我が家の鍋がいちばんだね」とニンマリほほ笑み合うとき、家族の結束は一段と強まるに違いない。

しかしときどき、他人様《ひとさま》の鍋の様子も覗《のぞ》きたくなるのが人情である。

「へえ、お宅って、ねぎから先に入れるの。変わってるね」

「トコトンダンゴ鍋」

批判的に観察しつつ、今度ウチでもやってみようとこっそり頭のメモに記す。他家の鍋を盗むのもなかなか楽しいものである。

さて、そんなわけで今回、野口先生に教えていただいた鶏岩石鍋は、私の認識していた清《すま》し汁の鶏鍋とは根本的に違っていた。まず、挽き肉は自分で作るというところが本格的である。たしかに私はいつも、お肉屋さんから出来合いの挽き肉を買ってきて、それを使っていたのだが、野口先生曰《いわ》く、

「出来合いの挽き肉は、鶏のいろいろな部分が混ざっているからおいしくないの。鶏ダンゴにいちばん適しているのは手羽肉です」

手羽肉は手羽先とは違う。あ、ご存知でした？　私、知りませんでした。鶏の胸の下、通称「抱き身」とも言うそうな。ではモモ肉ではダメなのか。「モモは脂が多いから、ダンゴにすると痩《や》せちゃうのよ」とのことである。

その骨なし手羽肉をまな板の上に広げる。おっとその前に、まな板の下にふきんを敷くのを忘れずに。肉をたたくとき、音が出ないよう、そしてまな板が動かないようにするためだ。準備の整ったところでまず、肉に縦横の切れ目を細かく入れる。こうしておくとたたきやすい。

そしていよいよ、出刃庖丁の出番である。庖丁の柄《え》の、なるべく端を握って、トントコトン。庖丁の重量を利用してトコトントン。手首を使ってトントコトン。しばらくたたいて肉をたたみ、角度をずらしてトコトントン。またまた重ねてトコトコトン。はっきり言ってかなり疲れます。

そこで私は思いついたもんね。すなわち、庖丁の柄を片手でなく両手で握ると楽になる。ついでに腰の上下運動も加えれば、もっと楽になる。ほんにまっこと料理はスポーツである。疲れるけれど、丁寧《ていねい》にたたいているうちに、なるほどみごとな挽き肉になっていくからうれしい。

このへんで長ねぎのみじん切り（鍋に入れるねぎの青い部分を粗みじんにしておく）を加え、肉に混ぜつつトコトコトン。それからまもなく卵白一個分を、肉の真ん中にドロンと落として混ぜ込んで、さらにトコトントン。

しだいにお肉がフカフカと膨らんで、おいしそうなダンゴの素《もと》ができてくる。

さあ、これを平たい皿に盛り、真ん中に卵の黄身をポトリと置けば、立派な鶏挽き肉のできあがり。あとの具作りは簡単だ。長ねぎ、焼き豆腐、椎茸、しらたき、春菊、庄内麩《しょうないふ》などをそれぞれの大きさに切り、大皿に美しく並べればよい。

注意することといえば、長ねぎは切った順に表裏を揃《そろ》えて放射線状に並べること。ねぎの渦が揃って見栄えがする。それから春菊。軸の太い春菊を切り分ける際は、いずれにも葉が残るよう、軸を縦に切る。つまり軸だけの春菊を残すことなく食べられるという寸法だ。具の用意ができたところで、今度は出汁《だし》をとる。

「いいですか。これだけは覚えておいてちょうだい」

野口先生の大阪弁が飛ぶ。

「出汁は、濃い薄いは関係ないの。大事なのは透明度。いいですね」

いいですけど、どうすれば透明な出汁がとれるのでしょう。

「まず昆布を鍋の直径より少し短めに切って入れる。昆布は日高昆布がいちばん。なんでって、日高がいちばんおいしいから」

以下、出汁をとるための注意を箇条書きにする。

●出汁を五カップ欲しければ、水はプラス一カップ。すなわち六カップの水を入れること。どうしてか。昆布と削り節が水を吸ってしまうからである。

●昆布に切れ目を入れないこと。ぬめりが出て、味が落ちる。

●昆布入り水を火にかけたら、沸騰する直前に昆布を取り出す。

●昆布を鍋から取り出したあと、一度沸騰させると余分なぬめりが泡として浮いてくる。が、放っておいてよろしい。
●火を弱め、削り節を入れる。鍋の表面いっぱいに広がる分量。絶対に混ぜてはいけない。このとき、昆布から出たぬめりは削り節が吸収してくれる。
●削り節を入れて三十秒ぐらい経ったら火から離し、ふきんで漉《こ》す。
●ふきんを絞りながら、しみ出てくる出汁の透明度をチェック。濁ってきそうになったらそこでストップ。上質の削り節は、最後の一滴まで濁らない。

　とまあ、きちんと出汁一つとるのが、どれほど大変かがわかる。が、この出汁の正しいとり方を知っておくと、和食全般に応用できる。料理パワーは十五点ほど上がるはずだ。美しい出汁を土鍋に移し、酒、砂糖、醤油を加えて、いよいよ鍋奉行の登場となる。

　まずは鶏岩石を作る。ごつごつ感を出すためには、スプーンでなくお箸でつまんで出汁に入れればアラアラ、不思議。簡単にごつごつ岩ができあがる。あとは野菜を順次加え、岩石がよく煮え立ったあたりで召し上がれ。味のよくしみ込んだ、でもあっさりとした岩石鍋。ちょっと日本酒なんぞ一杯、欲しくなりますなあ。

基本のだし

素材からうまみ成分を引き出しただし。
汁物、煮物など和食のベースとなるものだけに、大切にしたいもの。
本物のおいしさを知ると、だしをとるのが面倒などとは思わなくなります。

作り方

❶水と昆布を鍋に入れて火にかけ、沸騰直前に昆布を取り出す。
❷煮立ったところに削り節を加え、30秒たったら、ふきんでこす。この分量で約5カップのだしとなる。
＊まとめてとっただしは、ほんの少々の塩を入れると、日持ちし、削り節の生臭さが消える。

材料

水……6カップ
昆布……約15cm1枚
削り節……ひとつかみ（約20g）

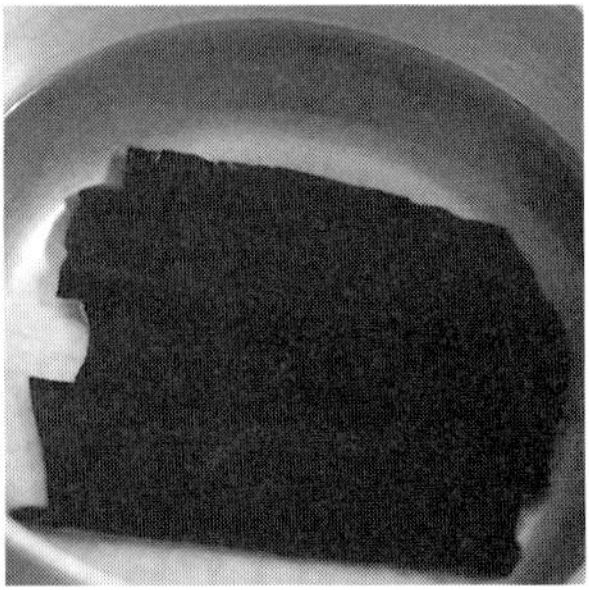

1 鍋に水と昆布を入れて、中火にかける

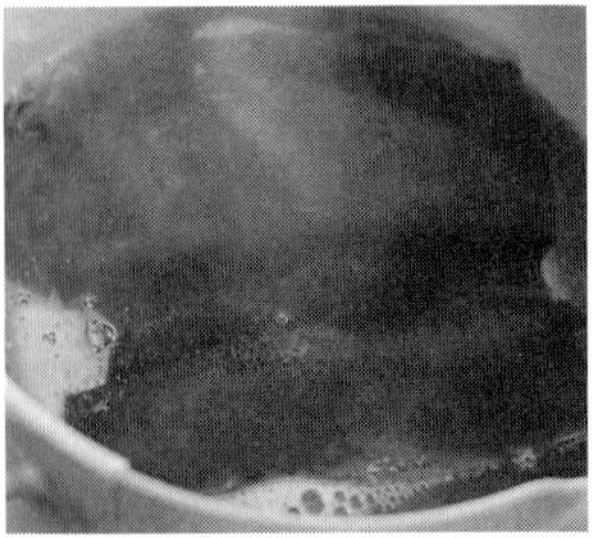

2 沸騰直前に昆布を取り出す。取り出したあとで強火にし、一度沸騰させてから中火に戻す

3 鍋の表面を覆うくらいの削り節を加え、混ぜずに30秒おく。煮立てるとアクが出るので注意

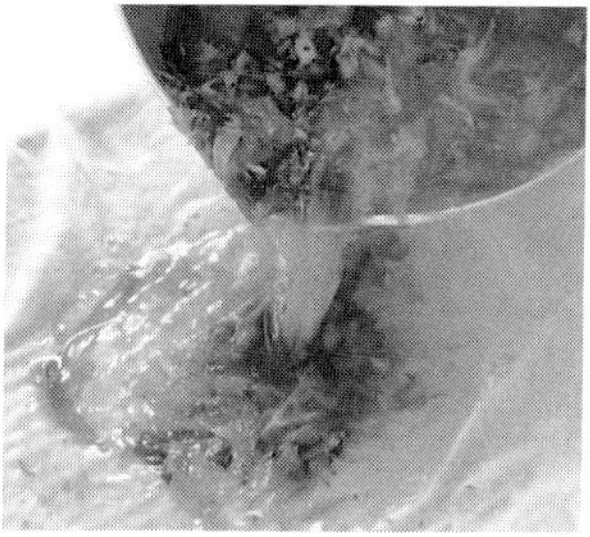

4 ボウルに盆ザルをのせ、ふきんをしいてだしをこす。最後にふきんの四隅をつまんでねじり、絞る

まつたけの土瓶蒸し

すだちをしぼり入れ、まずはだしをひと口。
続いて共ぢょこに具をとり、だしとともにいただきます。
秋のおもてなしの食卓に取り入れたい一品です。

作り方

❶エビは頭と背ワタを取り、Aでいりつけ、尾と殻を一節残してむく。
❷鶏ささみはそぎ切りにして軽く塩をふり、熱湯でさっと霜降る。
❸ぎんなんは鬼皮を割り、塩少少を入れた熱湯でゆで、甘皮を取って、水に取る。
❹まつたけは石づきを削って6〜8つに裂き、長いときは半分に切る。
❺鍋にだしを温めて塩、うす口しょうゆで調味する。
❻小さな土瓶を4つ用意し、それぞれに①〜④の具の4分の1量を入れて⑤のだしの4分の1量を注ぐ。土瓶を火にかけ、ひと煮立ちさせてすぐに火から下ろし、三つ葉のザク切りを散らし、4つ割りにしたすだちを添える。
＊土瓶を火にかけるときは、安定するようにガス台に焼き網などを置いてのせるとよい。

材料　4人分

車エビ	小4尾
A	
酒	大さじ4
水	大さじ4
塩	小さじ¼
鶏ささみ	2本
ぎんなん	4個
まつたけ	小1本
だし	5カップ
塩	小さじ1
うす口しょうゆ	小さじ1
三つ葉	少々
すだち	1個
塩	適量

1 まつたけは、香りを損なわないよう、茶色い皮がはがれないように水で軽く洗い、石づきの部分を鉛筆を削る要領で削り取る

2 石づきを削り終えた状態。このまつたけの笠に包丁目を入れて、6～8等分に手で裂く。包丁で切るより香りが立ち、歯ごたえも出る

鶏の岩石鍋

鶏つくねを岩石に見立てた鍋料理です。
鶏胸肉をたたくところから始めると、つくねのおいしさは格別。
まずは鶏つくねからご賞味を。次にねぎを煮、野菜などをいただきます。

材料　4人分

鶏胸肉	2枚
長ねぎ	2本
卵	1個
しらたき	1玉
焼き豆腐	1丁
春菊	1束
生しいたけ	6枚
庄内麩	適量
だし	5カップ以上
調味料	
しょうゆ	大さじ5½
砂糖	大さじ4½
酒	大さじ2

作り方

❶鶏胸肉は粗みじんにし、長ねぎの青い部分の粗みじん切り、卵白を加えてつくね生地を作り、器に盛って卵黄をのせる。

❷しらたきはよくもみ洗いして、熱湯で霜降り、食べやすい長さに切る。焼き豆腐は厚めの色紙切りにする。長ねぎの白い部分は斜め切り。春菊は水にひたしてパリッとさせてから水洗いし、軸の長いものは3、4等分に切る。しいたけは軸を切り落とし、大きいものは半割り。庄内麩はぬれぶきんに包んでしんなりさせてから切る。これらを大皿に盛り合わせる。

❸土鍋にだし5カップと調味料を入れて煮立て、①の鶏つくね生地と②の具を順に煮る。煮つまって煮汁が少なくなったらだしを足しながらいただく。

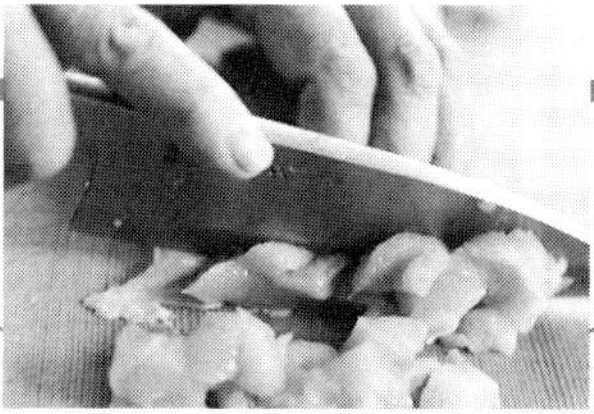

1 鶏つくねの生地を作る。鶏胸肉は、まず繊維に沿って細く切り分け、これをそろえて横に置き、端から粗く刻む

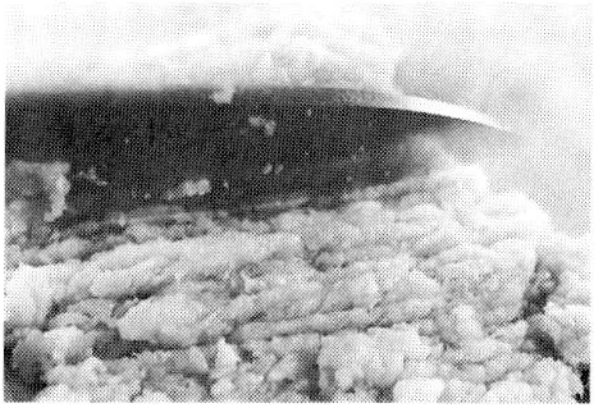

2 **1**の肉を、市販のひき肉より粗めになるくらいまでたたく。肩の力を抜き、手首の動きで包丁をはずませるようにふりおろすとよい

3 長ねぎの青い部分を粗みじんに切り、**2**の肉に加えてたたく。ここに卵白を加え、さらにたたきながら混ぜ込んでいく

4 なめらかな鶏つくねの生地ができ上がったら、平皿に盛りつけて中央をややくぼませ、卵黄をのせる

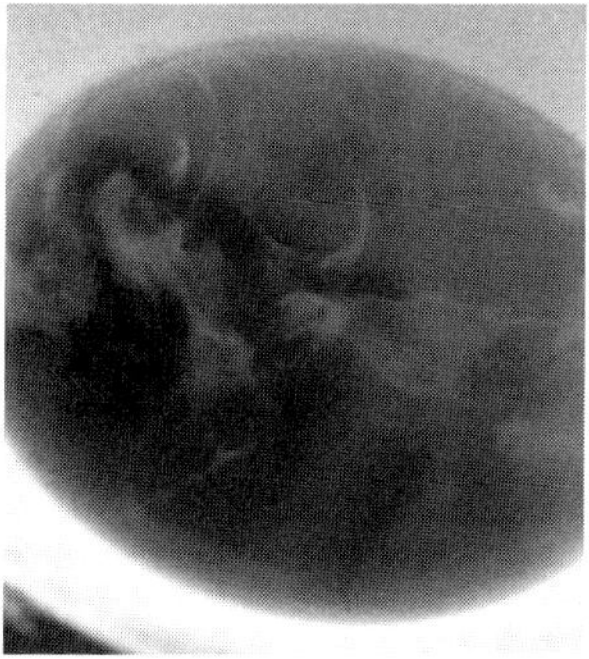

5 野菜やしらたきなどの具の用意をし、土鍋にだしと調味料を入れて中火で煮立てる

鶏肉をたたいて作るから
つくねがプリッとして
なめらか。
ひと手間かけるからこその
おいしさです。

6 鶏つくね生地を箸で軽く混ぜ、ひと口大ずつすくって、鍋に入れる。つくね生地がごつごつした様子を岩石に見立てて岩石づくりという

7 鶏つくねにさっと火が通ったところをいただき、次にねぎをさっと煮る。肉の臭みが消え、ほかの具をおいしくいただくことができる

野口先生からひとこと。
これも覚えてお料理上手!

水炊きと煮汁鍋。冬のごちそうは2タイプ

鍋料理は大きく分けて水炊きと煮汁鍋とふたつの系統があります。水炊きは、たれや薬味でいただく鍋で、フグちり、タラちり、鯛ちり、カニちりなどの魚介のちり鍋や、鶏の水炊き、湯豆腐などが代表的です。「ちり」というのは魚の切り身を煮ると、ちりちりと縮むところからついた名前といわれます。煮汁鍋の仲間には、寄せ鍋、柳川鍋、アンコウ鍋、はりはり鍋、魚すき、鴨鍋、おでん、うどんすき、粕汁、ほうとうなどが。ご紹介した岩石鍋も、煮汁鍋のひとつです。

はりはり鍋

水菜のはりはりとした歯ざわりを楽しむから、はりはり鍋。
関西ではおなじみの冬の味です。
クジラの赤身のほか、牛肉や合鴨と合わせてもよいものです。

1 油揚げは油抜きをしたら焼き網であぶる。両面に香ばしい焼き目をつけて、1枚を4等分くらいの食べやすい大きさの三角に切る

材　料　4人分

クジラの赤身……300〜400g
油揚げ……4〜6枚
水菜……1束
だし……4〜5カップ
調味料
- 酒……2カップ
- しょうゆ……4/5カップ
- 塩……ひとつまみ
- みりん……大さじ3

七味唐辛子……適宜

作　り　方

❶クジラは薄切りにする。
❷油揚げは熱湯で霜降って油抜きし、焼き網であぶって三角に切る。
❸水菜はザク切りにする。
❹土鍋にだし3カップと調味料を入れて煮立て、①〜③のクジラ、油揚げ、水菜を少しずつ入れて煮ながらいただく。好みで七味唐辛子をふりかける。途中で煮汁が煮つまったら、だしを足す。

2 水菜をザク切りにし、薄切りのクジラの赤身肉、1の油揚げとともに盛る。具はこの三種類でいたってシンプル

3 土鍋にだし、たっぷりの酒、しょうゆ、塩、みりんを煮立て、クジラ、油揚げ、水菜の順に具を入れて、さっと火を通していただく

はりはり鍋は水菜の歯ざわりが身上。
クジラも色が変われば食べごろ。
さっと火を通していただきます。

野口先生からひとこと。
これも覚えてお料理上手!

土鍋と鉄鍋、使い始めはこうします

はりはり鍋はもともとクジラと水菜をさっと煮る鍋物です。クジラが手に入りにくい今では、合鴨や牛肉にかえることも多いのですが、水菜と油揚げだけのさっぱりとした鍋も手軽でおいしいもの。一度お試しください。

さて、寒い時期に大活躍する土鍋や鉄鍋。長く使い込んだものには風合いがあり、料理までおいしく見えますね。長く使い続けるためには、まず使い始めに気をつけて。土鍋の場合は、まず鍋の内側だけを洗い、小麦粉を水に溶いて入れ、20分ほど弱火にかけてからそのまま冷まします。こうすると割れにくくなるのです。

鉄鍋は、よく洗って水を張り、野菜くずを入れてしばらく煮ます。使い終わって片づけるときは、よく乾かして新聞紙に包んでおくと、カビなどを防げます。

第八章

松花堂弁当

お茶事で出される懐石料理は、
作りたてを一品、一品、
供するものです。
これをぐんと略式にした、
お弁当に挑戦しましょう。
和の食材、和の技法を盛り込んだ
松花堂弁当なら、
和食修業の最終章にぴったりです。

「松花堂な女」

　茶事に疎《うと》い私である。年頃の時代、見合いの数は人一倍こなしたが、お嫁に行くにあたり茶道花道をたしなんでおこうなどという殊勝な気持ちは起こらなかった。高いお月謝払って習っても、どうせ無駄になるに決まっている。そんな教養の必要な世界に嫁ぐことは断じてあるまいと信じていた（嫁ぐこと自体がなくなるとは思っていなかったが……トホホ）。

　だから正式なお茶会に参加したことはなく、正式な懐石料理をいただいたこともない。いわゆる懐石料理屋さんで料理を食する機会はあっても、それぞれの料理がお茶事とどういう関係にあるのかわからない。まして松花堂《しょうかどう》弁当が、懐石料理の凝縮コンパクト簡便型として深い意味を持っていたとは、ちいっとも知らなかった。

「いいですか！」といつもの野口先生の声である。

「松花堂弁当とはそもそも、江戸時代初期、京都伏見は石清水八幡宮にいらした

「松花堂な女」

松花堂昭乗《しょうじょう》という名の学僧が愛用した食器に由来するのです」

そのお坊さん、なかなかのインテリだったらしい。和歌や水墨画に長じ、書道、茶道をたしなみ、晩年は自ら茶室を建て、そこにこもって修行したとか。さらに松花堂さんは、古来より伝わる破籠《わりご》にヒントを得、それを膳組み料理のしつらえにまとめた。すなわち、破籠の寸法を決め、ご飯と料理の位置を確定し、弁当箱の蓋を裏返して折敷《おしき》とみなし、そのうえに吸物を置く。単なる弁当箱を懐石の食作法に則《のっと》ったかたちにまで昇華させたのである。

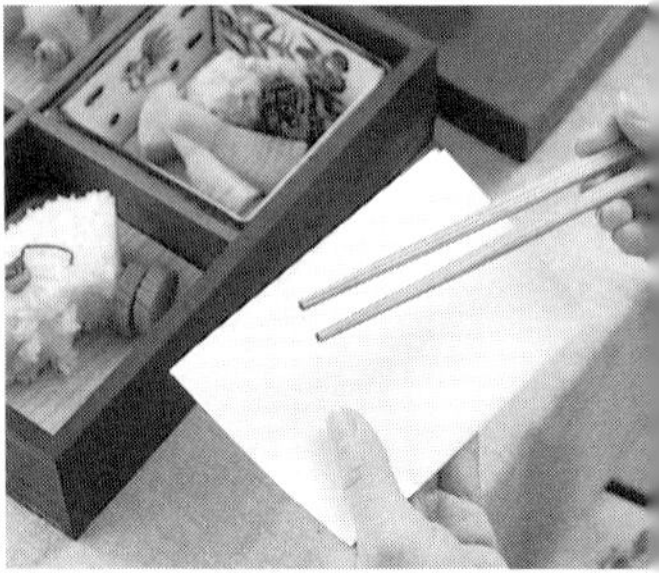

あらま、そうだったんですか。松花堂弁当って、ランチタイムに手頃なお弁当

くらいにしか認識しておりませんでした。いつも、「四角い松花堂弁当にしようかな、それとも丸い信玄弁当がいいかな」と迷う程度で、その違いさえわからないままだった。

「ちょっともしもし」と呆《あき》れる野口先生。余談だが、私が突拍子もない質問をすると、先生はいつも「もしもし」とおっしゃる。「もしもし」と言われたら、忘れてならぬ重要事項と肝に銘じたほうがよい。

「で、もしもし。信玄弁当っていうのはね、戦国時代、武田信玄が考えついた携帯可能な三段重ねのお弁当のことなの。丸い蓋を裏返すと、そこへ汁物が入れられる。いただくときは左にご飯、右に汁物、奥に菜ものを置くのよ」

そうかそうか。で、松花堂弁当に話を戻せば、同じくご飯の位置がポイントになる。

「ご飯はモッソウ（型）で抜き、必ず十文字の仕切りのうちの、左手前に収めること」

そしてそのご飯の対角線上、すなわち右奥には、向付《むこうづけ》にあたる刺身を置くのが基本である。残り二つの空間、左奥と右手前に、焼き物、煮物のいずれかを置く。

その二つに関しては位置が逆転してもかまわない。間違ってはいけないのがご飯とお造り。これだけ覚えておけばよい。

こうしてすべての料理をそれぞれの位置に収めてみると、日本料理の基本が、この四角い空間に凝縮されていることに気づく。これまで習った技の総集編。鶏のつくねは鶏岩石鍋の要領で、魚の焼き物はサワラの西京漬けを思い出し、お造りは三枚おろしができればなんとか……。

「感心して眺めてないで、さ、次はいただき方を教えますよ！」

そうである。このお弁当は懐石料理のコンパクトタイプである。しかるにコンパクトといえども、いちおうの作法をともなう。作り方も大事だが、いただき方も知っておかなければ理解したことにはならない。それが実は、なかなかややこしいのだ。

まず、蓋を開ける。と思ったら間違いです。その前にお箸を持つ。右手で優雅に取り上げて、右の手の中に握り込む。そのままの状態で両手を使って蓋の両脇を持ち、本を開くときの要領で裏返し、弁当本体の右側に置く。場所がないからといって、本体の下に蓋を重ねないこと。蓋は折敷、つまりお膳を兼ねるのである。蓋を置いたその上に、汁物が供される。

さてここでようやく「いただきます」。しかしどこから手をつけたらよいのでしょう。迷う場合はまず、汁物椀に手を伸ばす。最初に口を濡らす意味と、汁すなわち出汁《だし》の味を確認し、料理の味試しをする目的がある。いただく側だけでなく供する側にとっても緊張の瞬間だ。

お箸の左端を左手で軽く押さえ、右手を箸に沿わせながら右端から持ち上げる。続いてお椀を左手に、お箸を椀の下に添え、一口、汁をいただく。ん？　こんな感じでいいのかな。なんだか不安。

わからなくなったら最低限、お箸の持ち上げ方だけを修得しておくとよい。そうすれば見た目も優雅になる。間違ってもお皿を持ったまま、右手だけでお箸を立て、折敷の上でコンコンと揃《そろ》えたりしてはいかんのですぞ。ついでに言えば最近どこへ行っても、テーブルの上に両肘《ひじ》をしっかりのせたまま食べている若者が多いが、いったいどういうつもりでしょう。肘で支えないとお皿が持てないほど非力なのか。親はどういう教育をしてるんだ。ああいう若者に一度、松花堂弁当の正しいいただき方を覚えさせる必要がありますねえ、野口先生。

「他人のことはいいから、まずあなたから基本を覚えなさい」

はい、すいません。

で、お汁を一口いただいたら、中の具を一口。ここでいったんお椀を置いて、次はご飯を一口。ここまで守ればあとは自由。お刺身をつまもうが、若竹煮をかじろうが好き好きである。ただどの菜も一口ずつ、順繰りにいただいていくことが大切。味を楽しむ意味においても、また栄養のバランスを考えても妥当である。すべていただき終わったら、再び本を閉じるように蓋をして、お椀を蓋の中央に置き、お箸は、使った先をはずして揃えておく。

一見、堅苦しい作法に思われるが、実行してみると楽しい。そして自然に背筋が伸び、指先の動きがきれいになり、女の格が一つ上がったような気分を味わえますわよ、オホホのホ。

松花堂弁当

お茶事で供される松花堂弁当は、ご家庭ならおもてなし料理になります。
さぞや大変と思われるでしょうが、アツアツはお椀だけなので案外気楽。
季節の味を生かして、彩りも美しいお弁当をつくりましょう。

「たけのこと鶏つくねの煮物」を作る

作り方

❶たけのこはたっぷりの水にAを加え、落とし蓋をしてやわらかくゆでる。冷めたら皮をむき、穂先をクシ形、根元は半月切りにして、先端の姫皮の部分を分けておく。

❷鶏肉を粗く刻んでから包丁でたたき、Bの粗みじんに切った姫皮と長ねぎ、卵、砂糖、塩を加えてよく混ぜ合わせ、箸で丸くまとめる。

❸鍋に煮汁を煮立て、②の鶏つくね、①のたけのこの順に加えて煮含める。

❹器に盛って、菜の花の辛子漬け（198ページ）を添え、木の芽を天盛りにする。

材料　4人分

たけのこ（皮つき）……700g
A
- 米ぬか……ひと握り
- 赤唐辛子……1本

鶏胸肉または手羽肉……1枚
B
- 姫皮のみじん切り……適量
- 長ねぎのみじん切り…1/4本分
- 卵……1/2個分
- 砂糖……大さじ1/2
- 塩……小さじ1/4

煮汁
- だし……2カップ
- 砂糖……大さじ3
- うす口しょうゆ……大さじ3 1/2
- 酒……大さじ2

菜の花の辛子漬け……適量
木の芽……少々

【春の献立】

刺身　・鯛の平造り
焼き物　・桜マスの西京漬け
煮物　・たけのこと鶏つくねの煮物　菜の花の辛子漬け添え
ご飯　・物相（もっそう　200ページ参照）、桜ご飯
お椀　・エビしんじょと結び三つ葉のすまし汁

1 たけのこは穂先3分の1を斜めに切り落とし、さらに縦に一本、切り込みを入れる。こうすると火の通りがよくなり、またむきやすい

2 たけのこを、たっぷりの水にAを加え、落とし蓋をしてゆでる。竹串がすっと通ったら火を止め、ゆで汁につけたまま冷ます

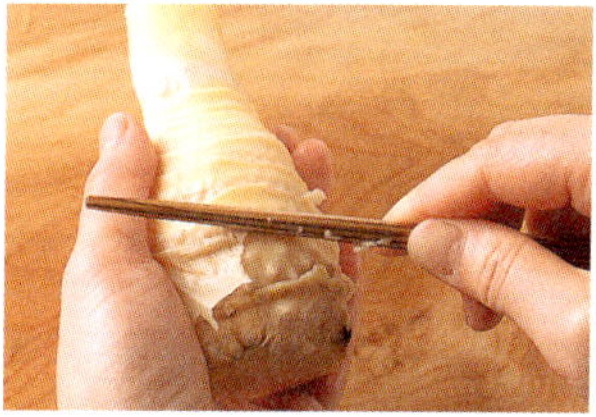

3 冷めたら水洗いしてぬかを落とし、包丁目から皮をむいて水につけておく。取り残した皮は菜箸や割り箸でこそげてきれいにする

4 鶏肉は繊維にそって細く切り分けてから粗く刻んで包丁でたたき、Bを加えて、よく混ぜ合わせ、箸で丸くまとめる

5 煮汁を煮立て、**4** の鶏つくねを加えて煮、穂先をクシ形に切り、根元は半月切りにしたたけのこを加えて煮含める

6 器に、たけのこ、鶏つくねをバランスよく盛り合わせ、菜の花の辛子漬けを添えて、木の芽を天盛りにする

「鯛の平造り」

お刺身にはいろいろな切り方がありますが、これは平造りと呼ばれる一般的な切り方です。さく取りした鯛をまな板の左手前に置き、よく切れる包丁を用い、刃元から刃先までいっぱいに使い、スーッと手前に引いていきます。切った身は右手前に送ってねかせ、斜めに重なるように並べます。

お造りにはほかに、細く切る糸造り、薄くそぐように切る薄造り、2、3cm角に切る角造りなどがあります。

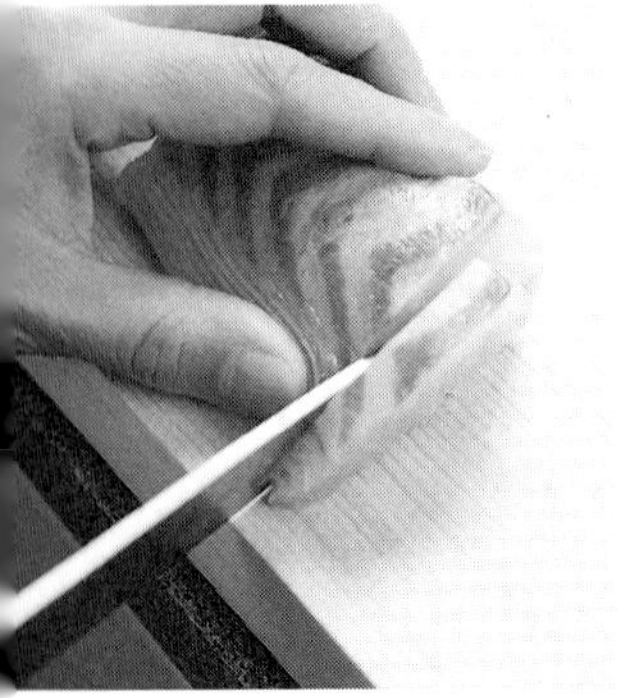

1 さく取りした身に包丁の刃元あたりを当て、手前に引きながら切る。切った身は包丁ごと右に送り、重ねる

「菜の花の辛子漬け」

独特の香りと苦味、彩りを生かして、春の味を添えましょう。

＊作り方

❶菜の花½束は水に放してシャキッとさせてから塩ゆでし、ザルに上げ、うちわであおいで冷ます。

❷漬け汁を作る。だし½カップ、塩小さじ½、うす口しょうゆ・みりん各小さじ1、水辛子（辛子粉小さじ1を水少々で溶き、適量の水でのばしたもの）を加える。

❸バットに菜の花を広げ、漬け汁をかけ、20分ほどおく。

菜の花はバットなどに広げて、ガーゼをかぶせ、上から漬け汁をかけると、まんべんなく味がしみわたり、辛子のかたまりが菜の花につくこともない

●季節の献立例

松花堂弁当は、ご飯、お造り、煮物、焼き物などをひとつの器に盛り込み、お椀を組み合わせます。季節に合わせた献立の例をご紹介しましょう。

【夏の献立】

盛夏をさわやかに楽しむお弁当。お刺身にはやわらかく蒸したアワビを。ご飯はすっきりとした味わいのしょうがご飯です。

刺身	・蒸しアワビ
焼き物	・イサキの塩焼き
煮物	・なすといんげん、かぼちゃの炊き合わせ
ご飯	・物相、しょうがご飯
お椀	・玉子豆腐のすまし汁

【秋の献立】

カマスを幽庵地に漬け込んで焼いた幽庵焼きにします。江戸時代の茶人、北村祐庵が考案したといわれる焼き物です。

刺身	・キスの昆布じめ
焼き物	・カマスの幽庵焼き
煮物	・里芋と合鴨の炊き合わせ
ご飯	・物相、ごま風味ご飯
お椀	・えのきとまいたけのすまし汁

【冬の献立】

筑前煮で、旬の根菜をたっぷりと。もともと福岡の郷土料理ですが、素朴な味わいは誰にも好まれます。

刺身	・ヒラメのお造り
焼き物	・ブリの照り焼き
煮物	・筑前煮
ご飯	・物相、ゆかりご飯
お椀	・白魚とわかめのすまし汁

2 杉のへぎ板は使う前に水ぶきし、鯛のお造りを後ろに4切れ、前に3切れ盛る。わさび、防風を添えて

「すまし汁」

基本的に汁気のないもの、作りおきのできるもので構成されているのが松花堂弁当です。そこに、作りたてアツアツの一品をお出しして、おもてなしの気持ちをさらに表したい。そこでお椀が大切になります。すまし汁でもみそ汁でも結構です。季節の素材を生かしたお椀を考えてみましょう。ここではエビを細かくたたいて調味したエビしんじょと三つ葉を具に、木の芽を吸い口に添えました。

「物相ご飯」

物相《もつそう》とはご飯の抜き型のこと。型抜きしたご飯は懐石風のお弁当にはよく用いられます。型には木製やステンレス製があり、形は扇面形、松・竹・梅形、丸形、ひさご形などいろいろあります。ここでは扇面で抜いたご飯に、桜花の塩漬けを塩抜きして飾り、春らしさを際立たせました。

物相は水でぬらし、軽くご飯を詰める。押さえを前後左右に軽く傾けながら型をはずすと、きれいに抜ける

●松花堂弁当をいただく

蓋の上に置かれた箸を右手で握り込む。両手で蓋を開け、箸をいったん右の縁に斜めにもたせかける

両手で蓋を上げ、本を開くように右開きに裏返し、弁当の右側に置き、折敷とする。右の縁においた箸を取り、蓋に置く。このとき、蓋の縁から指2本分外に出す

蓋の上に置かれたお椀をいただく。蓋をあけ、内側についたしずくを戻して、蓋を椀の右側に置き、まず汁をひと口いただく。続いて具をひと口いただき、椀を置く

箸の上げ下ろしでは、右手を右端までスーッとずらして添えてから、向きや持ち方を変えるときれいに見える。また、料理を口に運ぶときには懐紙を添えると美しい

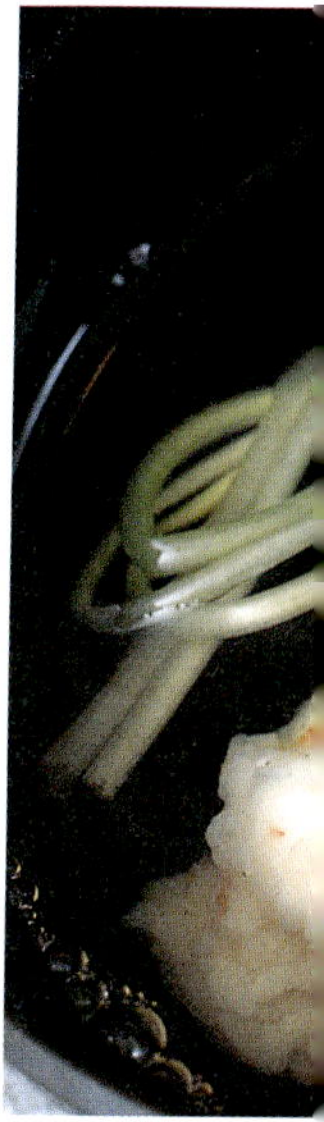

あとがき 1

この本で女を磨き直しましょう。今からだって遅くないもんね。

本書は、私こと阿川佐和子が、本当に（嘘《うそ》ではない）野口日出子先生に師事して行った料理修業の一部始終である。ペラペラめくっていただければ、苦節三年の修業の跡が私の髪型の変化に表れていることをご理解いただけると思う。

料理教室に通うのは、これが初めてではない。二十代の頃、いわゆる「花嫁修業」の意識はなかったが、いずれ家庭の台所を取り仕切る身となるだろうと、いくつかの教室に通った経験がある。が、毎回、新しいメニューを覚えてもほとんどその場かぎり。仲間と楽しくお喋《しゃべ》りをし、作った料理を試食して、「ああ、おいしかった、さようなら」でシャンシャンだ。たまに習った料理をウチで作ることもあったけれど、それが自分の得意メニューとなることは、ごく稀《まれ》であった。

その後、結婚の予定からはことごとく遠ざかり、四十代に突入。思い返せば、いい歳こいて和食お総菜の基本を知らないことに気づく。そんなとき、集英社の方から「今さらながらとお思いでしょうが、和食を習ってみませんか」とのお誘いをいただいた。そしてお訪ねしたのが野口教室である。

真っ赤なセーターに赤いスカート、エプロンまで赤という、赤大好き野口先生の赤い唇から発せられる明るい笑い声と威勢のいい大阪弁を聞き、一目《ひとめ》で「この先生についていこう」と意は固まった。見た目は決して地味ではないが、先生の教え方は的確でわかりやすい。そして作る料理がいずれもメチャクチャにおいしい。「習ったら、『なぜか』を覚えないとダメ。理由がわからないと、いつまでたっても頭に入らないの」

本書では先生の教えに従って、できるかぎり「なぜ」を追求したつもりである。なぜを知り、その味を覚えると、必ず復習したい衝動に駆られるから不思議である。

この修業期間中にご自宅が火事になり、焼け出されるという災難に遭いながらも、いつも前向きに、私と漫才コンビを組んでくださった野口先生には、料理の秘訣のみならず、多くの人生指針を示していただいたと深く感謝しております。

どうか読者の皆様、この本で私とともに女を磨き直しましょう。今からだって、遅くないもんね。

あとがき 2

和食修業その後。

先日、久しぶりに野口先生とお会いした。

「どう、ちゃんと食べてんの、アンタ。大丈夫？」

懐かしの赤いセーター姿で先生、開口一番、私のことを心配して訊《たず》ねてくださったものだから、こちらは慌てて、

「大丈夫大丈夫。ちゃんと自分で作って食べてます」。応えると、

「いえ、作ってません」。断言なさる。

「作ってますってば。お味噌汁もちゃんとお出汁《だし》をとってるし」

「いいえ、そんなん、作ってるうちに入らん」

そこへ別の方が現れて、

「まあ、アガワさん、一人暮らしなのに自分でちゃんとお料理なさるの？」

たちまち野口先生、そちらを振り返り、

「この人が食べてるのはエサなんです。機械的に口に入れるだけ。それはお料理

じゃないの」

私は一瞬、ギッとして、続いてプッと吹き出した。そうか、なるほど。料理は作ればいいというものではない。作って食べれば手料理だと、そう思い込んだらまちがいなのである。

常々、野口先生がおっしゃっている。

「おいしいモン食べたいと思ったら、お金かけて外に食べに行きなさい。でもお金がないなら、じゅうぶんに手をかけなさい」

この「手をかける」という言葉の意味を私は、「手を抜くな。面倒と思うな」と解釈していたが、どうもそれだけではなさそうだ。手をかける。それはすなわち、手間暇をはぶかないだけでなく、真剣に心を込めるという意味なのである。

料理にはたしかに、技術やセンス、計量や正しい手順が必要不可欠である。しかし、それだけでは本当の意味でおいしくはならない。非科学的なことを述べ連ねるつもりはないけれど、なんというかつまり、気力とかやる気、意気込みとか愛情。平たくいえば、何としてもおいしく食べたいとか、どうしてもあの人を「うまい！」と唸《うな》らせたいというような、そんな気合いを無視して上手にはなれないということか。

一人暮らしの忙しさにかまけ、最近、そこらへんが欠如していると、野口先生は私の顔を見たとたん、見抜かれたのであろう。うむ、これはいかん。もう一度、気持ちを引き締めて台所に立ち向かおう。新鮮魚のようにイキイキと元気な野口師匠の厳しい目を見ているうちに、新たな意欲が湧いてきた。

ちなみに今回の文庫化にあたり、ページ数の関係で単行本から抜けてしまった「アサリ、シジミのお味噌汁」に関する先生のコメントをここに紹介しておきたい。

「貝はひたひたの水の中で、両手を使って研《と》ぎ洗いします。大きい貝はふきんで表面の汚れを取る。鍋に水と昆布と貝を入れ、中火にかけて貝のうまみを引き出します。沸騰前に昆布を引き上げ、貝の口が開いたら、ふきんで漉《こ》します。このだし汁に味噌を溶き入れて味を調え、貝を戻せばいいの。貝を買って帰るとたっぷりの水に入れて砂抜きしようとする人がいるけど、あれは貝を溺《おぼ》れさせるだけ。むしろよく研ぎ洗いするほうが大事よ。今はほとんど砂抜いた状態で売られているし、ふきんで漉せばじゅうぶん砂も取れますからね」

初心に返り、まず貝より始めよう。

カバー&表紙装丁／藤村雅史
カバー写真撮影／内山澄夫
本文デザイン／海野光世　斎藤由佳
撮影／安東紀夫
　　　今清水隆宏
　　　長嶺輝明〔50音順〕
構成・編集／高橋姿子

この本は、集英社発行の同名のMOOK及び、
雑誌『メイプル』、『LEE』の記事等を
加筆訂正したものです。

あがわ　さわこ●
東京都生まれ。1976年慶應義塾大学文学部卒業。織物工房で修業ののち、'83年よりTBSテレビ『情報デスクToday』『NEWS23』等のアシスタントキャスターを務める。'00年には映画『カラフル』に初出演。著書に創作物語『ウメ子』(小学館)、女優・檀ふみとの対談『ああ言えばこう食う』(集英社)『阿川佐和子のガハハのハ』(文藝春秋)等がある。

のぐち　ひでこ●
大阪府生まれ。大阪の日本割烹学校で料理の基礎を学ぶ。結婚後、育児に専念していたが、1941年より、恵比寿中国料理学院で陳健民氏に中国料理を学び、同学院師範となる。'46年から近茶流柳原料理教室で柳原敏雄氏に師事し、同教室の助手をつとめる。現在は、野口日出子料理教室(東京自由が丘)を主宰。懐石料理から中国料理まで、幅広く教授している。

今《いま》さらながらの和《わ》食《しょく》修《しゅ》業《ぎょう》

著者　　阿川佐和子
料理指導　野口日出子
発行日　2002年5月18日　第1刷発行

発行者　谷山尚義
発行所　株式会社　集英社
〒101-8050　東京都千代田区一ツ橋2-5-10
(編集部)　03(3230)6289
電　話　(販売部)　03(3230)6393
(制作部)　03(3230)6080
印　刷　凸版印刷株式会社
製　本　凸版印刷株式会社

 ISBN4-08-650004-3
定価はカバーに表示してあります。